“十三五”国家重点出版物出版规划项目

海风山骨

中国史前遗址博物馆

ZHONGGUO SHIQIAN YIZHI BOWUGUAN HAIFENGSHANGU TANSHISHAN JUAN

昙石山卷

丛书主编　王仁湘　张礼智

本册主编　董　平

陕西新华出版传媒集团
陕西科学技术出版社

图书在版编目（CIP）数据

海风山骨：昙石山卷 / 董平主编．—西安：陕西科学技术出版社，2018.9
（中国史前遗址博物馆 / 王仁湘，张礼智主编）
ISBN 978-7-5369-7296-4

Ⅰ．①海… Ⅱ．①董… Ⅲ．①新石器时代文化—文化遗址—研究—福州 Ⅳ．①K878.04

中国版本图书馆CIP数据核字（2018）第108675号

中国史前遗址博物馆 海风山骨 昙石山卷

董 平 主编

出 版 人 孙 玲
策划编辑 赵文欣
责任编辑 赵文欣 李 栋
封面设计 余 文

出版者 陕西新华出版传媒集团 陕西科学技术出版社
西安市北大街131号 邮编 710003
电话（029）87211894 传真（029）87218236
http://www.snstp.com
发行者 陕西新华出版传媒集团 陕西科学技术出版社
电话（029）87260001 87212206
传真（029）87218236
印 刷 陕西金和印务有限公司
规 格 889mm×1194mm 1/16
印 张 10
字 数 180千字
版 次 2018年9月第1版
2018年9月第1次印刷
书 号 ISBN 978-7-5369-7296-4
定 价 138.00元

序

文物是人类在历史发展过程中遗留下来的遗物、遗迹。它是人类宝贵的历史文化遗产，反映各个历史时期、不同地域人们的生产和生活，包括衣食住行、婚丧嫁娶、祈福祭祀、与外界的互动，乃至内心活动等物质和精神生活的表现，在制造和使用的当时起着活生生的作用。但是一旦被埋入地下，便成了一件件死物。在地下沉寂若干岁月后，一经发现，再被考古工作者发掘、整理和研究，便立刻恢复生机，生动地展现其活生生的一面，帮助人们了解其被制造和使用的情况、当时的社会和自然环境以及人们社会生活日常起居等方方面面的鲜活细节。将若干有联系的遗址的文物联系起来，就能复原各种文化现象的起源、发展、变化、转型、交流乃至消亡的过程和其中的历史规律。文物便发扬出“人气”，起到了“由物到人”的作用。但是此时文物的作用范围还局限于学术圈内，影响有限。

文物一旦作为展品通过博物馆进入观众的视野，其影响面便得以扩大，通过说明词和讲解员的生动讲述，一件件文物所体现的历史内涵组成一幅幅生动的历史画面，增长观众的知识，启迪有心人的思想，对他们为人处世的态度和原则，乃至人生观和世界观的形成就会起到或大或小的作用，此时的文物更显得生机盎然，其对现实社会的重要性更加得以凸显。

现今我国大多数人们生活小康乃至富裕，有条件参观许多博物馆，但是毕竟很难在短时间内遍历众多遗址。中国博物馆协会史前遗址博物馆专业委员会组织编写的《中国史前遗址博物馆》丛书汇集全国诸多重要史前遗址博物馆丰富的馆藏资料，用通俗易懂的文字，将各遗址的发现、发掘过程，各博物馆的历史沿革和发展历程娓娓道来，还将各遗址的遗迹和出土文物以及其他展品以图文并茂的方式生动地还原出来，以展现我国先民的物质生活和精神生活，引领读者走进尘封已久的岁月，感受我中华文化的深厚。

值此丛书即将付梓之时，西安半坡博物馆张礼智馆长嘱我为之作序，我虽俗务缠身，不能遍读样稿，但希望、也相信本丛书能帮助众多文物为更广大的人民大众展现它们的活力，有益于提高人民大众的家国情怀、文化自信，建立唯物主义的历史观和世界观，故勉力作序如上，供读者参考。

中国科学院院士　吴新智

2018年1月3日

陪你穿越到史前

人类的历史，可以分作史前史和文明史两个阶段。文明史并不难理解，它是人类有确切记载的历史。很多人也许并不很了解史前史的概念，史前的要义是指文明史之前的人类历史，是没有记载的远古历史，从人类诞生起，到有记述的历史止，便是史前史。

曾经有人将地球的45亿年历史压缩成1天，计算出晚上11点时，恐龙慢悠悠登上舞台，支配世界也只有半个多小时。午夜前20分钟，哺乳动物的时代开启，人类在午夜前1分多钟出现，而文明史不过是几秒钟的时长而已。我们要说的史前史，也就是这么1分多钟。

文明起源在时间上最早不过8000年前，这只占人类史的1%都不到，如果将人类起源后300万年的全史压缩成1天，那也就差不多是2分多钟。而且关于人类起源的历史上限还在往前提，这个2分多钟的文明史基本可以忽略不计。整个300多万年甚至更长的史前史，它经历了一个怎样的发展过程呢？

这个过程经历了——

人类诞生与进化，从猿到人，经历猿人类、原始人类、智人类、现代人类4个进化阶段。

人类社会产生与发展，由婚姻组成家庭，由氏族社会进入等级社会。

人类发明了用火和造火技术，由生食转变到熟食。

逐渐掌握制作工具技术，经历了旧石器时代和新石器时代。

发明农业种植和家畜饲养业，从采集游猎经济转入农业和畜牧经济。

发明建筑技术，由自然洞穴居所进入人工建筑居所，由时常迁徙进入定居生活。

因血缘氏族形成聚落，又因部落联盟筑城而居。城邑居民因产业出现分工，因贫富形成等级，因社会复杂化导致邦国建立，千城星罗，万邦林立。

逐渐形成埋葬死者的墓葬制度，信仰祖先神崇拜，这是史前造神运动的开始。

发明制陶技术，烹调水准提升。发明煮盐，有了基本的调味品，促进了体格健康。发明酿酒，主要用于祭祀仪式。

艺术由萌芽到发展，刻画和雕塑艺术渐趋成熟，彩陶奠定了史前至历史时期的艺术传统，这是由造神运动掀起的艺术浪潮。

琢玉由装饰器转向礼器制作，将造神运动推向又一个高潮，这是东方独有的文化传统。

中心城邑出现，宏大的治水工程见诸实施，建构起初级国家管理机构。

最后，人类终于走出混沌，文明诞生，王权与神权结合，国家出现。

我们所知的中国史前时代，也许只是大略知道旧石器时代和新石器时代，不知道还有这样丰富的内容，不知道有如此久远的历史。

如此久远的年代，我们如何了解它？

古代的先贤，也曾考究过这古老而漫长的时代，留下了一些神话与传说，三皇，五帝，便是那个传说时代的主人。对于史前更多的细节，那时代真实的面貌，他们不可能有真切的了解。

我们当然不能总是陶醉在传说时代，内心希望有真凭实据来说话。

现在我们不必着急了，有考古学家做向导，他们可以带我们穿越到史前。我们可以直接进入智人居住过的洞穴，可以直接进入新石器时代居民的废墟，可以发现史前真实存在过的许多场景与细节。

虽然年代如此久远，但那也是一个看得见摸得着的时代。考古学家通过考古发掘，发现了一个个史前遗址，那是史前先民生活过的地方。这遗址上保存着先民的创造，石器陶器依然那样精致。大大小小的茅屋，深深浅浅的火塘，似乎还有袅袅飘起的炊烟。排列整齐的墓穴，各种各样的随葬品，似乎隆重的葬仪刚刚结束。在遗址里我们可以发现史前人的所作所为、所思所想，你甚至还可以由他们留下的艺术品，揣摩先祖们当初的情怀与梦想，还有对宇宙的观察与理解。

考古学家将丰富的史前文化遗存揭示出来，将一些重要的遗址保护起来，兴建遗址博物馆向公众展示这些发现，兴建遗址公园供公众访古游览。在中国目前这样的博物馆已经建起20多座，数量还在逐年增加。

这些史前遗址博物馆各有特色，有旧石器和新石器的时代区别，也有南北地域的不同。有的是城址，有的是大型居址，也有的是墓地。在建设遗址博物馆的同时，有的还建成国家考古遗址公园。

例如属于旧石器时代及古人类遗址的博物馆，有北京周口店北京人遗址博物馆、南京直立人遗址博物馆，还有柳州白莲洞洞穴科学博物馆。

属于新石器时代仰韶文化的博物馆，有陕西西安半坡博物馆、宝鸡北首岭博物馆、河南渑池仰韶文化博物馆和郑州大河村遗址博物馆。

东北区域有辽宁沈阳新乐遗址博物馆、阜新市查海遗址博物馆、凌源牛河梁红山文化遗址博物馆、内蒙古敖汉旗红山文化博物馆。

各地属于新石器早中期的遗址博物馆有广西桂林甑皮岩遗址博物馆、浙江萧山跨湖桥遗址博物馆、余姚市河姆渡遗址博物馆和甘肃秦安大地湾遗址博物馆。

不期而遇 昙石山遗址的地理环境

历史上的昙石山和国内很多地方一样，只是一个名不见经传、默默无闻的小地方，并不被太多人所知。后来，很多人听说和了解昙石山却都是因为由它而诞生的一个考古学文化、一段远古文明史，这就是昙石山遗址。

昙石山遗址自 1954 年首次考古发掘以来，迄今已先后进行了 10 次面积不等的考古发掘，总面积 2000 多平方米，出土重要文物数千件，另有大量墓葬、灰坑、陶窑等遗迹。这让昙石山声名鹊起，也使昙石山遗址逐渐走进了公众视野。

地理位置

昙石山遗址位于福建省东部沿海，地处福州市闽侯县甘蔗街道昙石村西北侧的昙石山上，紧邻闽侯县城，东距福州市区约 20 千米。

从地图上可以看出，昙石山遗址所在的闽侯县基本上是呈“月牙形”守护着福州，其东部、东南部与福州市区、长乐市相邻，西部、西南部与闽清、永泰县交界，南部与福清市接壤，北部、东北部则与古田、罗源县毗邻。从遗址周围地貌特点来看，昙石山遗址地处福建最大河流——闽江下游北岸的丘陵地带边缘，说是山，其实不过是一座相对孤立的小土丘而已。其海拔高度从山脚下的 12 米，直到山顶上的 26 米左右，而相对于昙石山旁不远处的闽江水面高度则为 7～21 米。

昙石山遗址卫星图

昙石山，原名“墵石山”，在福州话里，“墵”即“海边礁石”之意。从地形上看，昙石山为东北—西南走向，大概呈不规则的长条形。山体东北部相对来说稍微宽阔一些，西南部较为狭窄。其南北长约430米，东西最宽处也才不过150米左右。

自然环境

昙石山遗址所在的闽侯县依山傍水，气候宜人，属于亚热带季风气候。常年温暖湿润，雨量充沛，四季常青，全年无霜期达326天，年平均气温16～20℃，最冷为一月份，平均气温10.5℃，最热是七月份，平均气温28.6℃，年均日照1700～1980小时，年均降水量900～2100毫米，年相对湿度77%左右。

闽侯县是中国县域经济百强县（市），第一批沿海开放县，也是福建省著名的侨乡，素有“八闽首邑”“中国橄榄之乡”之称。当地优越的自然条件，为橄榄生长提供了得天独厚的生态环境，其种植橄榄的历史非常悠久，早在唐朝时期就已经非常盛行。

昙石山遗址鸟瞰图

昙石山遗址北边不远处有中、低山环绕，其西南端还有闽江小支流之一的安坪浦小溪经过，遗址周边的低洼湿地非常开阔，整体地势自东北向西南逐渐倾斜，夏长无酷暑，冬短无严寒，自然环境十分优越。

石破天惊 昙石山遗址的发现与发掘

在中华民族上下五千年的悠悠历史长河中，黄河与长江两大流域自古以来都是我国文明发展的核心地区。而地处祖国东南一隅、背山面海的福建地区，因历史因素、自然环境等影响，长期处于相对落后的发展局面，甚至于被称为“蛮夷之地”。

那么，福建人的文明史到底从何时开始，又有哪些特征？学界历来争论不休。而此争论终于在 1954 年出现了转折，当时，福建省闽侯县闽江边上的一次偶然考古发现最终却改写了福建历史，先前不为人知的“闽族文化”也因此逐渐揭开了它神秘的面纱，这就是昙石山遗址。

遗 址

遗址在日常认识、考古研究、遗产保护和博物馆学等不同研究领域都有着不同的理解。一般来说，遗址一词来源于田野考古学，特指考古遗址，可细分为城堡废址、宫殿址、村落址、居住址、作坊址、寺庙址等。

同时，还包括古代的一些经济性建筑遗存，如山地矿穴、采石坑、窖穴、仓库、水渠、水井、窑址等。此外，还包括一些古代防卫性的军事设施，如壕沟、栅栏围墙、边塞烽燧、界壕以及屯戍遗址等。

遗址的发现

1954 年 1 月 7 日，天气正寒。而当时地处福建省闽侯县第七区恒心乡昙石村（今甘蔗街道昙石村）的村民却正忙着修筑村子周围的闽江防洪堤坝。从地质学上来看，昙石山所在的四周谷地为现代冲积层，属于闽江泛滥区，所以过去每当洪水到来时，这一带经常会被洪水淹没。

正当人们忙碌时，突然有人大喊：“快来看，挖到宝贝了！”原来有人在堤坝附近的昙石山上取土时，不经意间挖出了一堆样式古旧而奇特的陶器、石器、骨器以及堆积很厚的白色贝壳等。

而在这些挖出的“宝贝”堆里，一件刃部特别锋利的石斧显得格外抢眼，不过，当地村民对此却并不陌生，没错，这种石斧经常会在夏季雷雨冲刷后的昙石山上暴露出来，因为来历不明，又与雷雨相关，人们便不知缘由地视之为“神秘之器”，所以当地人就称它为“雷公斧”。

昙石山遗址出土的石斧

即便如此，但对很多人来说，从地下亲手把这些东西挖出来可能还是头一遭，而那些模样看似十分古怪的各种陶器此前并不多见。莫非昙石山上真的有宝贝？种种猜测在附近村民中不断流传开来。

得知消息后，福建省文物管理委员会工作组立即与负责修筑堤坝工程的领导同志商量，决定停止在昙石山上继续刨土，及时地保护了现场。事后，福建省文化局马上将该遗址的发现情况向上级部门作了汇报。

与此同时，继续驻留在现场的工作组还在遗址附近开展了相关考古调查工作，结果在遗址东边的洽浦山、鲤鱼山等小山丘上也发现了与昙石山同样的文化遗物，只是面积没有昙石山那么大，而这些遗址的位置同样也都是紧临闽江。

由于是在建国之初，百废待兴，当时福建省的考古力量还十分薄弱，不足以独立开展相关考古发掘工作。基于此种情况，福建省文物管理委员会随即又向当时的华东文物工作队（隶属华东文化部，全面负责江苏、安徽、浙江、福建、台湾和上海等地的考古调查和发掘工作，队部设在南京博物院）请求援助。

遗址的发掘

1954 年 3 月中旬，华东文物工作队指派尹焕章、宋伯胤二人到福建省闽侯县的昙石山实地勘查处理。因为当时交通不便，一路辗转多省，直到当年 4 月初，两位同志才到达遗址现场。

经过仔细勘查后，两位考古专家一致认为该遗址包含遗物复杂，是一处重要的新石器时代晚期文化遗存，有进行深入探掘的必要，并将其命名为“昙石山遗址”（因为地处昙石村附近，这是考古学上对一个新发现文化遗址的常用命名方法）。经过与福建省文化局、省文物管理委员会等领导商洽，最终决定试掘两条探沟，并电请当时的中央社管局批示。获准后，便开始积极筹备组织闽侯县昙石山遗址探掘工作小组。

考古专家勘察昙石山遗址现场

当时，对于首次探掘主要有两个目的：一是通过考古探掘进一步了解该遗址出土文物和埋藏地层的关系，以及遗址的中心范围； 二是利用此次探掘机会为福建当地培养一批考古专业干部。

1954年昙石山遗址第1次考古发掘现场

基于以上目的，这次探掘工作小组最终由华东文物工作队 3 人及福建省文物管理委员会文物组全体同志共 12 人组成。在此期间，厦门大学人类博物馆林惠祥教授也来到发掘现场参观并协助开展了相关调查工作。

1954 年 4 月 11 日，工作队正式进驻到昙石

1963年昙石山遗址第5次考古发掘工作照

山遗址考古发掘现场，并设立了临时工作站。翌日，在昙石山南段遗址范围内，划定了两条探沟位置，每个探沟长10米、宽1.6米。到当月19日发掘结束，整个过程前后不过8天。

虽然这次考古发掘时间短、规模小，探掘面积不过30多平方米，但出土各类文物总数却达到2600多件，可以说这为后来昙石山遗址更大规模的发掘积累了丰富而宝贵的经验。

此后，考古工作者又分别于1959年12月、1960年3月、1960年7月、1963年9月、1964年9月～1965年8月、1974年10～12月、1996年11月～1997年6月、2004年2～6月、2009年5月对昙石山遗址进行了9次面积不等的考古发掘工作。

昙石山遗址出土的贝铲

1996 年昙石山遗址第 8 次考古发掘现场

在先后 10 次的考古发掘中，除第 6 次和第 8 次发掘面积较大以外，其他均属于小规模发掘，每次发掘面积都在 100 平方米左右，总发掘面积 2000 多平方米。经过 10 次考古发掘，昙石山遗址共发现墓葬 80 余座、壕沟 2 条、陶窑多座、陶灶多处和大量灰坑遗迹，出土石器、陶器、贝器、骨器等重要文物数千件；此外，还有大量的陶片、

贝铲

新石器时代较为常见的贝器，多为贝壳磨制而成，其用途主要是采集食物。从昙石山遗址出土的大量贝器可以看出，当时昙石山人生活的地方临近水域，有大量的水生生物。

昙石山遗址出土的贝铲

贝壳及动物遗骸标本等。综合这些文化遗迹和遗物等考古资料，反映出昙石山遗址具有丰富的文化内涵和鲜明的地域海洋性文化特色。

值得一提的是，1961 年，考古学界将昙石山遗址中、下层（经考古发掘，专家们初步判断昙石山遗址在地层叠压关系上大体可分为上、中、下三层，其中上层为晚期堆积，扰乱较为严重，时代很难界定；中、下层应该为早期原始堆积，时代为新石器时代晚期，距今四五千年）出土的以“几何印纹硬陶”为代表的福建地区新石器时代文化遗存，命名为“昙石山文化”，成为我国东南沿海地区最早被认定、最具代表性的新石器时代晚期文化之一，同时也是新中国成立后福建省第一个被确立的考古学文化。

考古学文化

考古学文化，简单来说就是指在考古发掘所出土的各种文物中，大概属于同一个时代、发现于一个共同的地区范围、并且具有相同特征的一个文化共同体。一个考古学文化通常是以若干特定类型的房址、墓葬、工具、陶器、装饰品以及独特的工艺技术为标志，可以反映出一个具有共同文化传统的古代社会群体，而考古学文化大多都以首次发现的代表性遗址的地点来命名。

昙石山遗址出土的硬陶杯

昙石山遗址出土的硬陶罐

昙石山遗址一角

此后，昙石山遗址一系列的重要考古发现最终让专家们确认：昙石山就是先秦“闽族”的发源地，是孕育和诞生福建古文明的摇篮，华夏文明的曙光就是从这里照亮了“八闽”大地。从此，福建文明的历史由3000年跨越到了5000年，先前不为人知的“闽族文化”也因此被逐步揭开。

遗址的年代

根据昙石山遗址的地层堆积、叠压情况以及出土的遗迹和遗物特点，结合考古地层学原理并通过科技手段进行考古年代测定后，专家认为，该遗址至少可以划分为“不同阶段和文化性质不尽相同”的四种文化内涵：

昙石山遗址地层堆积

第一期，这是人类最早在此处活动的时间，距今5500～5000年，出土的陶器以红陶为主；第二期，这是昙石山文化中最重要、最核心、也是出土文物最为丰富的一层，距今5000～4300年，出土的陶器以灰黄陶为主；第三期，距今4300～3500年，出土的陶器以橙黄陶及赭彩陶为主要特征；第四期，距今3500～2700年，出土的器物以“印纹硬陶”和原始瓷器为代表。

昙石山遗址出土的黄陶杯

昙石山遗址出土的灰陶杯

昙石山遗址出土的灰陶罐

其中，昙石山遗址的一、二期文化相当于我国北方的仰韶文化时期，三期相当于北方的龙山文化时期，四期则相当于商周时期。由此可见，昙石山遗址是以新石器时代文化遗存为主，兼有青铜时代文化遗存，前后持续时间达2500多年，其距今年代下限已接近我国正史中所记载的“闽越国”时期。

昙石山遗址出土的硬陶杯

考古地层学和考古年代测定

考古地层学是指考古学中关于古遗址文化层的形成规律及发掘方法的理论，它本身是由地质学中的地层学原理衍生而来。通俗地讲，是根据人类长期在一个地方生活，在地上逐渐堆积起来的垃圾层（即“文化层”）之间的上下迭压关系。

一般来说，地层越往下，时间越早，反之时间越晚。所谓考古地层学就是要从晚期到早期（即从上到下）逐层揭露这些文化堆积，且不能使各层出土的文物相互混杂。这样做的目的就在于通过研究这些文化堆积的形成过程和原因，来判断其文化内涵和相对年代的早晚，从而恢复遗址的历史原貌。

考古年代测定是以现代相关科学技术来检测古遗址或文物具体年代的方法。随着现代科技的发展，目前应用于考古的测年方法有很多，但应用最为普遍的则是碳-14测年法，它是根据活的生物体内所含有的放射性同位素碳-14的数量来判断的，生物活着的时候，体内的碳-14与空气中相同，但当生物死亡后，其体内的碳-14含量就会依每隔5730±40年减少一半的衰变速率逐渐减少。所以，只要测出死亡生物有机体内碳-14数量减少的程度，就可以推算出其死亡的大概年代。

第二章

相识昙石山

昙石山遗址是新中国成立后，福建省首个经过多次正式考古发掘、积累资料最为丰富、开展研究最多、并得到国内外公认的考古学文化研究基地。

桑田沧海 昙石山遗址的环境变迁

在过去的数百万年里，由于受到太阳和自身运动规律的影响以及气候的冷暖交替，地球上的环境也在不断发生变化。考古学家们研究后认为，5000年前昙石山的地理环境应该是另外一种模样，那时的海岸线很可能就在今天的昙石山一带，闽江与海洋在这里交汇，而当时的昙石山人就生活在江海交汇处、类似昙石山的一些岛屿之上。

5000年前，昙石山周围沟壑纵横，河道弯曲；闽江入海处波涌涛起，群峰连绵，气候温暖湿润；丛林处处，古木森森，华南虎、亚洲象，棕熊、水鹿等成群出没；清澈的闽江水滋润着古闽大地，先民们沿江水两岸聚群而居，繁衍生息……

当时，昙石山附近的陆地上生存有亚洲象、棕熊、华南虎、豪猪、梅花鹿等。

昙石山一带气候温暖湿润、生物繁荣、植物茂盛，陆地上遍布蕨类植物、栎属植物以及诸多夏绿或常绿乔木、灌木等。

根据气候、地理环境和考古相关研究已经证实，自更新世晚期（距今约 2 万年）末次冰期以后的全新世时期，曾出现过全球性的气候回暖现象，时间距今 7500 ～ 2500 年。在中国，这段时间大致相当于中原地区的仰韶文化时期，而距今 5000 年左右可谓是一个分界线，在此之前的气候温度明显上升，之后气温则逐渐下降。

考古学家研究后认为，5000 年前昙石山当地的气候条件和地理环境跟现在差别很大，甚至完全不同。当时的气温比现在更高，应该跟现在的热带差不多，海平面也要比现在高很多。昙石山遗址历次考古发掘都出土了大量的贝壳类堆积，经专家鉴定，这些贝壳大都是海生贝类，并非闽江淡水所产，种类有魁蛤、牡蛎、小耳螺、蛤蜊等。其中，蛤蜊壳出土最多。这些都说明当时的昙石山应该非常靠近海边。

水中生长有魁蛤、牡蛎、小耳螺、蛤蜊等生物，这些生物不但成为昙石山先民的生活食材来源，有些也成为昙石山先民的生产工具。

5000年前昙石山地区生态环境复原图

昙石山遗址出土的牡蛎壳

牡蛎属于潮间带和浅海生长的软体动物，主要生长于海水或咸淡水交界处，它们大多栖息于从潮间带至低潮线以下 30 多米深的泥滩及泥沙质海底，以浮游生物为食。一般在正常海水中生活的牡蛎个体较小，而在盐度较低的浅海中生长的牡蛎个体较大。昙石山遗址出土的牡蛎壳普遍较大，这说明当时该地区接近于浅海区。

同时，昙石山遗址还出土了很多动物骨骼，经专家鉴定，这些动物种类包括犀牛、猪、梅花鹿、水鹿、棕熊、狗、牛、叶猴、豪猪、华南虎、亚洲象等。其中，猪和狗属于饲养的家畜，而虎、熊、象、鹿、豪猪等则属于野生动物。

昙石山遗址出土的梅花鹿角

梅花鹿

梅花鹿属中型鹿类，生活于森林边缘和山地草原地区，不在茂密的森林或灌丛中，栖息的地方茅草则相对低矮稀少，主要采食栎、板栗、胡枝子、野山楂、地榆等乔木和灌木的嫩枝叶，刚萌发的草本和藤本植物、成熟的果实、种子以及各种苔藓地衣类植物也是梅花鹿的食物来源。

水 鹿

水鹿是热带、亚热带地区体型最大的鹿类，现在主要栖息于阔叶林、季雨林、稀树草原和高原地等环境，以多种草本、木本植物的嫩叶、嫩芽、鲜果等为主要食物。

昙石山遗址出土的水鹿下牙床

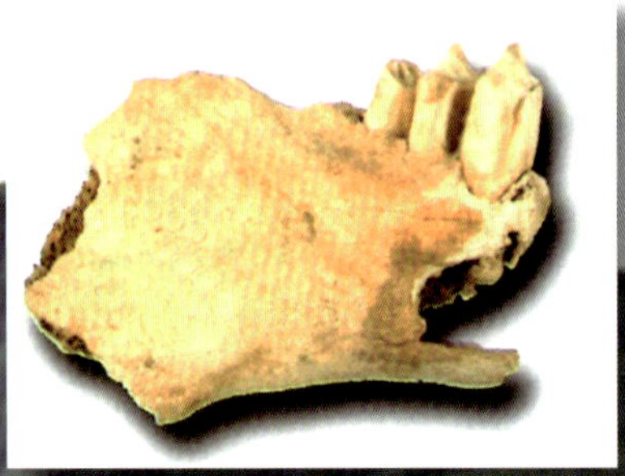

昙石山遗址出土的棕熊右上犬齿

棕熊

棕熊本来是一种喜冷动物，但欧亚大陆上的棕熊则更喜欢居于茂密的森林之中。同时，棕熊还是杂食性动物，食谱中植物性食物占了 60% ～ 90%，其余则为动物性食物。

豪猪

豪猪是一类披有尖刺的啮齿目动物，主要栖息于热带和亚热带的山坡、草地或低山森林茂密处，穴居，夜间活动，以植物根、茎为食。

华南虎

华南虎是一种大型食肉性哺乳动物，一般生活在野外山林及灌木丛、野草稠密的地方。只要食源充沛、有水源、环境利于隐蔽这三个条件，一般都能生存。

昙石山遗址出土的华南虎牙齿

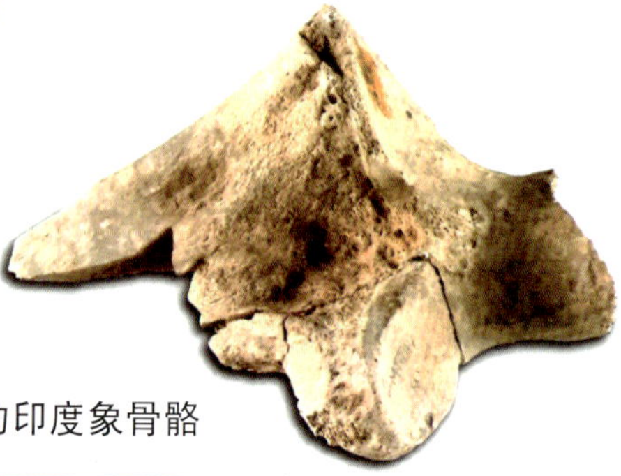

昙石山遗址出土的印度象骨骼

印度象

印度象是亚洲象的亚种之一，主要栖于亚洲南部热带雨林、季雨林及林间的沟谷、山坡、稀树草原、竹林及宽阔地带，以海拔1000米以下的林带最为常见。

可以发现，这些陆生动物都有一些相近的特点，它们的活动区域大多是在水源地边缘的森林、草地、灌木茂盛地带，且大多属于热带或亚热带动物。比如，印度象现在最北的分布地区是在我国云南的西双版纳，水鹿大多分布在北回归线以南地区，这两种动物遗骨的发现，说明当时昙石山一带的气候要比现在温暖很多，大抵上处于热带和亚热带的气候环境下，总体上应该跟现在的闽南、广东以及滇南差不多。

从昙石山遗址的土壤孢粉分析结果来看，土壤孢子中以蕨类孢子为主，仅有少量为草本、灌木花粉和木本植物花粉。其中，蕨类孢子包括有性喜温暖湿润的蕨属，性喜温暖潮湿及半荫环境的凤尾蕨属，有以热带亚洲为分布中心的里白属。此外，还有主要分布于热带的水龙骨科，分布于热带或温暖、温和、潮湿地区的紫萁属，热带、亚热带适应于酸性土壤的金毛狗属，喜阴湿凉爽环境、生长室温为 15 ～ 22℃的观音莲座蕨属。草本花粉中有以温带和亚热带最多见的百合科，广布于北半球温带地区的蒿属。木本植物有分布极广的松属，夏绿或常绿乔木、灌木以及代表南亚热带气候环境的常绿林植物——栎属植物。

凤尾蕨

凤尾蕨性喜温暖、湿润、阴暗的环境，多生长在石灰岩地区的岩隙间或林下灌丛中。

栎 树

栎树从植物学分类上是属于壳斗科，栎属。栎树为落叶或常绿乔木，少数为灌木。栎树大多生长在坡地、山上，丘陵地带也很适合它们生长。从平地至海拔 3000 米高山均能生长。

昙石山人生活场景复原图

根据以上分析结果可以看出，当时昙石山所在的地区应该是处于热带与亚热带的气候环境下，气温普遍要比现在高出 2 ～ 3℃。可以说，当时的昙石山一带气候温暖湿润，生物繁荣，植物茂盛，动植物资源都比现在更加丰富多样。

因此，考古学家们认为，5000 年前昙石山先民生活的年代，昙石山当地的地理和自然生态环境应该是另外一种模样。而那时的海岸线很可能就在今天的昙石山一带，闽江与海洋在这里交汇，而整个福州基本还都在水下，当时的昙石山人就生活在江海交汇处类似昙石山的一些岛屿之上。这真让人顿生桑田沧海之感，因为如今的闽江入海口早已从昙石山附近向东南方向后退了 60 余千米。

那么，5000 年前的昙石山究竟是什么样子呢？岁月的阻隔已使祖先的生活变得模糊不清，今天，我们也只能通过考古研究去推测和猜想那 5000 年前的点点滴滴。

文明曙光 昙石山遗址博物馆收藏的重要文物

历经半个多世纪的考古发掘，昙石山遗址出土了大量的陶器、石器、骨角器、贝器，还有原始瓷器以及玉器等重要文物，发现了很多墓葬、灰坑，还有壕沟、陶窑、灶和祭祀坑等遗迹，其中部分被收藏或展示在昙石山遗址博物馆里。透过这些文物和遗迹，依稀可见昙石山先民当年的聪明才智以及他们辛勤劳作的生活场景，用他们勤劳的双手点亮了福建海洋文明的第一缕曙光。

灰坑和遗迹

灰坑，考古学术语之一，是指古人生活中所遗留下来的垃圾坑、储物坑（窖藏）或祭祀坑，灰坑内往往包含有很多当时在此生活的人们有意或无意留下的物品，如陶器、石器、骨器等。

遗迹，在考古学中是指前人或者其他生物所遗留下来的不可移动的痕迹，小到人们走路所留下的脚印，大到诸如汉长安城、秦始皇陵、唐大明宫等，都可以被称为遗迹。

陶 器

陶器是昙石山遗址中出土数量最多的一类文物，器形种类也很丰富。事实上，在人类社会发展史上，陶器的发明具有划时代的意义，它是人类首次通过化学变化将一种物质转变成另一种物质的创造性活动。因此，学者们通常都把陶器的发明作为新石器时代开始的重要标志之一。

其实，陶器的发明与制作在中国有着悠久的历史，先秦史籍《逸周书》中就有“神农（即炎帝）耕而作陶”之说，《吕氏春秋》中也有“黄帝有陶正昆吾作陶”的记载。

据考古资料表明，中国在距今约 1 万年前的新石器时代早期就已经出现了陶器，但当时的陶器做工还非常粗糙，质地疏松易碎，且基本都是红陶，器形也非常简单，主要以盆、罐、杯、钵等生活器皿为主。后来，随着人们制陶工艺和窑烧技术的不断进步，陶器的品质不断提高，种类也逐渐增多，相继又出现了灰陶、彩陶、黑陶、白陶、印纹硬陶等。

陶器颜色的奥秘

由于泥土中本身都含有一定量的铁元素，在陶器烧制过程中，若燃料是在空气饱和情况下充分燃烧，陶胎中的铁元素就会还原成三氧化二铁，即三价铁，因为三氧化二铁是红色的，所以陶器表面就会呈现出红色，并且泥土中所含铁元素的比例越高，烧出来的陶器所呈现出来的红色就越深。

反之，陶器烧制后期，若在窑中加水或湿柴，则会生成一氧化碳和氢气，这些气体就会将陶胎中的三氧化二铁转变成二价铁，因为二价铁是灰黑色的，所以烧出来的陶器表面就会呈现出灰色、灰黑色或黑色。

昙石山人陶器制作复原图

昙石山遗址在历次考古发掘中都出土了大量的陶器和陶片，可以说是遗址中最为常见、也是出土数量最多的一类文物，并且这些陶器的器型种类也非常丰富。根据不同的区分标准，昙石山遗址出土的陶器可以划分为以下几个种类：

以胎质分类

根据陶器制作所用原料和胎质成分的不同，昙石山遗址出土的陶器可分为泥质陶、夹砂陶和硬陶等 3 种。

泥质陶

起初，原始先民在制作陶器时，对陶土不加选择，直接用各种地表泥土为原料进行简单的烧制，因为这种泥土中包含杂质很多，烧结温度较低，导致烧出来的陶器很容易破碎。所以，后来人们慢慢学会了选择陶土，并淘洗掉泥土中包含的砂粒、石灰和草根等杂质，对于这种经过选择、淘洗烧制而成的陶器，考古学上就叫“泥质陶”。

泥质灰陶豆

新石器时代昙石山文化时期（距今5000～4300年）。口径16.2厘米，足径12厘米，通高10厘米。于闽侯县昙石山遗址出土。

泥质灰陶。小侈口，上腹转折居于近口处，且平斜呈斜肩状，下腹浅弧至底。矮圈足，圈足上饰三个圆孔。

夹砂陶

随着陶器烧制技术的发展，原始先民们发现用纯净泥土做出来的陶器，在烧制过程中很容易爆裂，而在陶土中适当加入一些砂粒后就会变得很耐烧，稳定性也更好。所以，后来为使陶器在烧制过程中不易爆裂，人们就特意在陶土中掺入一定数量的粗砂粒和其他羼和料，或者直接选择含砂量较大的陶土，用这种陶土烧制出来的陶器，考古学上就叫“夹砂陶”。

夹砂黄陶杯

新石器时代昙石山文化时期（距今5000～4300年）。口径7.6厘米，足径6.6厘米，高7.7厘米。于闽侯县昙石山遗址出土。

夹细砂黄陶，直口，尖唇，微弧腹，圜底，下附喇叭形矮圈足，口沿下有凹弦纹3道，腹底交接处有凸棱一道，中下腹有大小不一的黑色斑点。

夹砂红陶杯

新石器时代昙石山文化时期（距今5000～4300年）。口径7.3厘米，足径5.5厘米，通高6.7厘米。于闽侯县昙石山遗址出土。

夹细砂黄陶。直口，深弧腹，圜底，下附矮圈足，腹底交界处转折起棱，口外沿下有三道凹弦纹。这是新石器时代常见的陶器器型。

硬 陶

昙石山遗址是中国硬陶的最早发现地之一，尤其是在该遗址上层出土的众多陶器中，硬陶数量最多，所占比重也最大，器形有罐、盘、盆、釜、钵、杯、豆等，表面纹饰有云雷纹、曲折纹、绳纹、方格纹、曲尺纹、叶脉纹、回纹、菱形纹、波浪纹、夔纹等。

昙石山遗址出土的单耳硬陶杯

硬 陶

硬陶，又叫印纹硬陶，是新石器时代晚期集中分布于我国南方地区，尤其是东南沿海地区的一种质地非常坚硬、表面拍印有各种几何形纹饰图案的陶器。因为这种陶器在质地上要比普通陶器更加细腻，烧成温度也比一般陶器要高，所以烧制这类陶器在技术含量上要求也更高。

由于这种陶器原料中含有铁元素数量较高，所以烧成后的陶器颜色多呈紫褐、红褐、黄褐、灰褐或青灰色。虽然这种硬陶在我国黄河中下游一些地区偶尔也有发现，但数量极少。

昙石山遗址出土的绳纹硬陶罐

不过，由于陶器表面粗糙，易吸水，又易污染，虽然古人很早就试着通过各种途径对其表面进行修括、磨光，但始终都无法解决陶器的防水去污问题。一直到了商代（公元前 16 ～前 11 世纪）我国先民才始创出了一种以“氧化钙”为主的石灰釉，此时，陶器防水这一问题最终才慢慢得以解决，从而也为陶器向瓷器的转化创造了重要条件。

印纹硬陶罐

商周时期（公元前 1600 ～前 256 年）。口径 11.2 厘米，通高 8.7 厘米。于闽侯县昙石山遗址出土。

泥质灰硬陶。口部外敞，肩部起棱，圆鼓腹，凹底，饰席纹，圆圈纹，底部饰席纹。这是商周时期福建地区较为常见的器型。

以颜色分类

我们知道，陶器的颜色是由泥土中的铁等着色氧化物的含量以及烧成气氛决定的。根据陶器表面颜色的不同，昙石山遗址出土的陶器有黄陶、灰陶、黑陶、红陶等。

黄 陶

黄陶，顾名思义就是表面呈黄色的陶器。昙石山遗址出土的黄陶数量整体不多，但是从早期到晚期都有出土。

灰陶豆

黑 陶

黑陶是在陶器烧成的最后一个阶段，从窑顶徐徐加水，使木炭熄灭，产生浓烟，并有意让烟熏黑而形成的黑色陶器。它是继彩陶之后，中国新石器时代制陶工艺出现的又一个高峰，堪称中国古代制陶工艺中与彩陶相媲美的又一光辉创造。不过，昙石山遗址出土的黑陶数量却非常有限，器型也相对较少。

昙石山遗址出土的黑陶碗

红 陶

红陶是新石器时代出现的一种器表呈红色的陶器，也是我国古代最早的陶器品种之一，在全国各地的新石器时代文化中普遍存在。制作红陶的主要原料也是黏土，根据陶胎粗细及含砂与否，可分为泥质红陶和夹砂红陶。昙石山遗址出土的红陶数量也不太多，主要器型有罐、钵等。

细绳纹红陶罐底部

昙石山遗址出土的细绳纹红陶罐

昙石山遗址出土的红陶钵

泥质红陶和夹砂红陶

在陶器烧制到一定程度时，将窑内的火焰控制为氧化焰，在氧化气氛焙烧下，陶土中的金属铁大部分转化为三价铁，还原比值低，烧成的陶器即呈现红色。陶土比较纯净细腻、含细砂极少者称为泥质红陶，主要作饮食器具和盛储用具。陶土中掺有细砂者，能耐火，主要作炊具用，称为夹砂红陶。

以装饰图案分类

据考古发现，数千年来，很多古代遗址中出土的陶器表面都有各种各样的装饰图案，这些装饰图案蕴藏着丰富的文化内涵，既真实地反映了当时人们的物质文化生活，也表达出了他们的审美情趣。从陶器表面上的装饰图案看，昙石山遗址出土的陶器装饰可分为两大类：纹饰类和彩绘类。

纹饰类

仔细观察，就会发现，其实在我国古代，很多陶器的表面并非都是光滑平整的，相反却布满了各式各样、内容丰富的几何纹饰，这些纹饰不仅看起来非常精致美观，同时还具有加固、防滑等功能。初步统计，昙石山遗址出土陶器的纹饰有回形纹、方格纹、菱形纹、三角纹、圈点纹、水波纹、绳纹、曲折纹、条纹、刻划纹、压印纹、戳刺纹、镂孔等数十种。

锥刺纹（局部）

昙石山遗址出土的锥刺纹灰陶壶

细绳纹黄陶釜

新石器时代昙石山文化时期（距今 5000 ~ 4300 年）。口径 16 厘米，通高 10.4 厘米。于闽侯县昙石山遗址出土。

夹砂黄陶。敞口，宽沿，圆唇，束颈，斜弧折腹，微鼓，转折腹处起凸棱一道，圜底。沿面上有六道凹弦纹，腹部及底部均有交错细绳纹。

镂孔灰陶簋

新石器时代昙石山文化时期（距今 5000 ～ 4300 年）。口径 16.4 厘米，足径 12.4 厘米，通高 13.1 厘米。于闽侯县昙石山遗址出土。

泥质灰黑陶。敛口，圆唇，宽折沿且内敛，深弧腹，圜底，下附喇叭形圈足，足柄处饰圆形镂孔 3 组，每组 3 个且呈等边三角形排列。

镂孔

镂孔，陶器的一种装饰方法。用工具把陶坯从表到里雕镂成圆形、方形或三角形的小孔洞。昙石山文化、大汶口文化、龙山文化常见此类纹饰。其中，昙石山遗址出土的陶器镂孔大多呈圆形，且镂孔构图多呈现三角形、四边形或两点一线形等。该类纹饰多见于陶罐、陶簋、陶豆、陶杯等器物上。另外，在陶器烧制过程中，这些镂孔还能够让火焰顺利进入陶器内部，从而使陶器烧制的更加均匀和坚固。

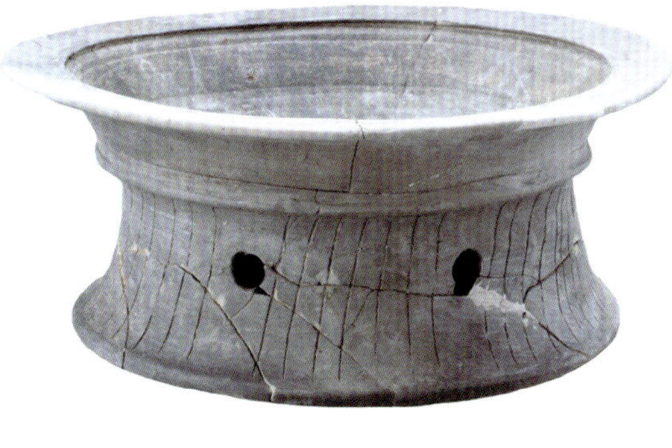

灰陶盘上的镂孔构图呈两点一线形

灰陶杯上的镂孔构图呈四方形

彩绘类

彩绘陶始于新石器时代晚期，是一种历史非常悠久的陶器种类，比较常见的色彩有红、黑、黄、白、赭等，色彩绚丽，漂亮优雅。不过，因为它是在陶器烧成之后再于其表面上绘画，而绘制完成后不再进行烧彩，所以，事实上这种陶器又不同于一般的彩陶。相对来说，彩绘陶的颜料附着性没有彩陶那么牢固，其颜料受潮或遇水时很容易脱落，使用时也更易磨损。

昙石山遗址中出土了一些彩绘陶器，细心的人们可能会发现，昙石山的这些彩绘陶器大部分都只是在器物的上半部分施彩，如宽带纹彩陶杯、彩陶罐、彩陶簋等。事实上，这种现象与我国西北地区的早期彩陶器如出一辙，如甘肃秦安大地湾、河南仰韶、陕西半坡、

昙石山遗址出土的彩陶罐

昙石山遗址出土的彩陶钵

昙石山遗址彩陶器出土现场

河南陕县庙底沟、甘肃临洮马家窑等地出土的彩陶器，尽管彩绘的题材、风格各异，但大部分都只在器物的上半部施彩，有些还在器物内壁上进行彩绘。

其实，彩绘的方式与当时人们席地而坐的饮食习惯有关。因为当席地而坐时，人们的视线显然主要都是集中在饮食器具的内部和上半部，一直到后来餐桌出现后，人们的视线才慢慢转移到了饮食器具的整个外部。所以，晚期彩陶器上面的彩绘图案基本上都已经布满了整个器身。

彩陶罐

新石器时代昙石山文化时期（距今 5000 ～ 4300 年）。口径 12 厘米，足径 10.5 厘米，通高 18.2 厘米。于闽侯县昙石山遗址出土。

泥质黄陶。盘口，束颈，圆鼓腹，腹中部起锯齿状凸棱，下附喇叭形矮圈足。上部及口沿内侧施红彩，下腹部饰交错绳纹。这是新石器时代常见的陶器器型，但施红彩的较少见。

彩陶杯

新石器时代昙石山文化时期（距今 5000 ～ 4300 年）。口径 12.6 厘米，足径 7.3 厘米，通高 11.4 厘米。于闽侯县昙石山遗址出土。

泥质淡黄陶。直口，筒形腹，平底，喇叭形圈足，外口饰一圈红色宽带纹，宽带下拍印网格纹。这是昙石山文化中较为少见的彩绘陶器。

以功能用途分类

根据功能用途的不同，昙石山遗址出土的陶器可分为生活用器、生产工具，还有用途尚存争议的塔式壶。其中，生活用器又分炊煮器、盛贮器和饮食器等。

炊煮器

昙石山遗址中出土的陶器种类和器形繁多的现象表明，昙石山人主要吃熟食。据考古发现，昙石山人使用的炊煮器有陶釜、陶鼎等，这些器物的出现表明，昙石山人的烹饪技术得到一定发展，满足了人们日常生活中的基本需求。

昙石山遗址出土的形状各异的陶釜

陶釜，通常为夹砂陶，类似现在的砂锅，用石块垒砌或者挖坑为灶，使用方便，坚固耐用，是古代人们最常用的炊器之一，很多历史典故中都有它的身影，比如“煮豆燃豆萁，豆在釜中泣”“釜底抽薪”“破釜沉舟”等。

昙石山遗址出土的陶鼎

陶鼎，新石器时代就已经出现的炊器，用于烹煮食物，一般为夹砂陶。形象地说，陶鼎就像是一个长腿的陶釜或者火锅。当时，人们把各种能吃的食物一起放入鼎里，然后在鼎的底部生火，把食物煮熟。

盛贮器

顾名思义，盛贮器就是盛放东西的器皿。昙石山遗址出土的陶制盛贮器种类众多，既有盛放液体和熟食的，也有盛放肉酱的器皿，其类型有罐、簋、豆等。

昙石山人使用陶器复原图

饮食器

在昙石山遗址出土的与“饮食”相关的陶器占据非常重要的地位，饮食器有碗、杯、壶等，根据饮食类别，饮食器又分食器和饮器，比如碗为食器，杯、壶为饮器。

昙石山遗址出土的陶碗

昙石山人使用陶器复原图

陶 壶

新石器时代昙石山文化时期（距今5000～4300年）。口径6.7厘米，足径7.3厘米，通高8.1厘米。于闽侯县溪头遗址出土。

泥质灰黑陶。侈口，尖唇，高颈，折腹，腹径最大在中部，矮圈足，胎体较厚，通体素面。

陶 杯

“饮”器

从昙石山遗址出土的“饮”器来看，其数量非常多。以陶杯为例，仅在第8次考古发掘中，就出土了37件，其数量之多，造型之丰富多姿，不仅说明当时昙石山人对“饮”很有需求，而且还体现了昙石山先民的审美情趣。

形状各异的陶杯

形状各异的陶壶

形状各异的陶壶

生产工具

昙石山遗址出土的陶制生产工具众多，比如纺轮、网坠、陶拍等。其中，纺轮为纺织工具，网坠为捕鱼工具，陶拍为制陶工具。

昙石山遗址出土的陶纺轮

正 面

背 面

纺轮

古代的纺织工具，一般为圆饼形或凸圆形，中间有孔。纺轮由塼盘和塼杆（塼，zhuān，古同“砖”）组成，上面的圆孔是用来插转杆的，当人手用力使纺盘转动时，塼自身的重力就会使一堆乱麻似的纤维牵伸拉细，而塼盘旋转时所产生的力则会使拉细的纤维拈成麻花状。随着纺塼的不断旋转，纤维牵伸和加拈的力也就不断沿着与塼盘垂直的方向（即塼杆的方向）向上传递，纤维不断被牵伸加拈，当塼盘停止转动时，将加拈过的纱线缠绕在塼杆上即完成了整个“纺纱”过程。

昙石山遗址出土的陶拍

陶拍正面

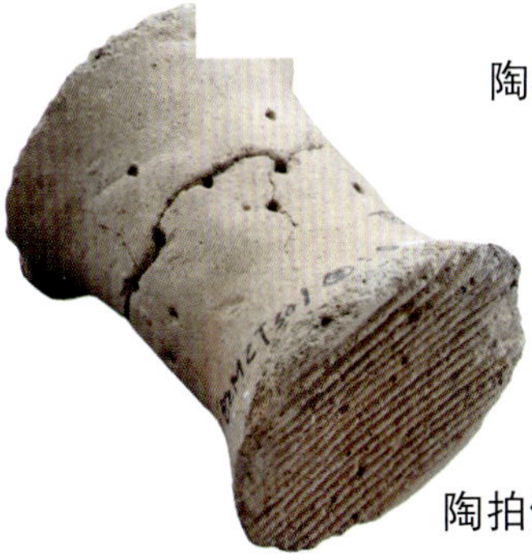

陶拍侧面

陶拍

陶拍，制作陶器的用具，一般用木头制成，也有用陶制的。陶拍表面刻有纹饰槽沟，或缠有绳子。使用陶拍在陶器成型的外壁拍打，陶器外表就清楚地留有陶拍的印痕。这样不但可使裂缝弥合、陶坯质地紧密牢固，同时留下美丽的纹饰。用有花纹的陶拍拍过的陶器，比用光面的板拍制的更加结实耐用。古代的印纹陶大都用这种陶拍制作而成。

方形陶拍

塔式壶

1996 年底，在昙石山遗址第 8 次考古发掘编号 M125 的墓中出土了一件形态非常奇特的陶器，因为这种形状的陶器迄今为止在我国的考古发现中尚属首次，其具体用途不明，且没有别的相关证据，所以，人们对此器物的认识十分模糊，迟迟无法定性。

20 世纪末，有学者根据日本长野县出土的类似器物，将此陶器命名为“灯”，随后便又有了“东方神灯”“中华第一灯”“中华第一神灯”等多种叫法。考古专家则主要从专业角度，根据此器物上半部呈“喇嘛塔”状，下半部为昙石山遗址出土陶器中常见的“折腹壶”形，就将其称为“塔式壶”。

因为此类器物在昙石山遗址中仅发现这么一件，况且又出土于墓主人头顶的特殊位置，所以民俗学家认为如果它是灯，显然并非普通意义上的灯，应该是与当时人们某种宗教信

昙石山遗址“塔式壶”出土现场

仰或灵魂观念有关的"神器"。同样，拥有该"神灯"的死者也绝非部落中的普通一员，而应是能与神灵相沟通的巫师或部落首领。

不过，也有学者认为此物并非实用器，而是我国古代初具冥器性质的原始"魂瓶"。魂瓶是吴晋六朝时期我国南方，尤其是以江浙为中心的长江下游地区墓葬中较为常见的一种随葬冥器，是专门为随葬烧制的陪葬物。

谜 团

尽管关于"塔式壶"这件器物到底是灯还是壶，是生活用具还是祭祀神器，专家们还在争议中，但丝毫不影响它的重要地位，至少在目前我国的考古发现中，它是绝无仅有的。

塔式壶

新石器时代昙石山文化时期（距今5000～4300年）。顶径3.5厘米，腹径15厘米，足径11.8厘米，通高28.6厘米。于闽侯县昙石山遗址出土。

泥质灰黑陶。平顶，长颈，实心，顶缘外凸且起棱两道，扁折腹，上、中腹各起棱一道，颈腹交接处镂一椭圆形大孔，腹部中空，下附喇叭形圈足，足部有4个对称不规则圆形镂孔。通体呈灰黑色，素面。

原始青瓷罐（局部）

原始青瓷罐

黄土仑文化时期（距今 3500 ～ 2700 年）。口径 7.1 厘米，底径 6 厘米，通高 6.6 厘米。于闽侯县昙石山遗址出土。

直口方唇，鼓腹平底，近口处双侧附卷云纹双耳，腹中部鼓腹处饰曲折篦划纹，腹上部及口沿内侧施青绿釉，腹中下及底部露灰白胎。这是当时较为常见的原始青瓷器。

原始瓷器表面除少数为素面外，大多也拍印纹饰，有些纹饰与同时期的印纹硬陶相同。比如多饰有方格纹、篮纹、叶脉纹、锯齿纹、水波纹、弦纹、“S”纹、席纹和附加堆纹等。

原始青瓷盘

黄土仑文化时期（距今 3500 ～ 2700 年）。口径 14 厘米，足径 9.8 厘米，通高 3 厘米。于闽侯县昙石山遗址出土。

直口方唇，斜弧腹，平底浅盘，矮圈足，足跟外撇，盘内饰多道凹弦纹，交错刻划纹，沿面饰三道凹弦纹，并贴附四个“∽”形泥条。除足底露灰白胎外，余部通施青绿釉。这是当时较为常见的原始青瓷器。

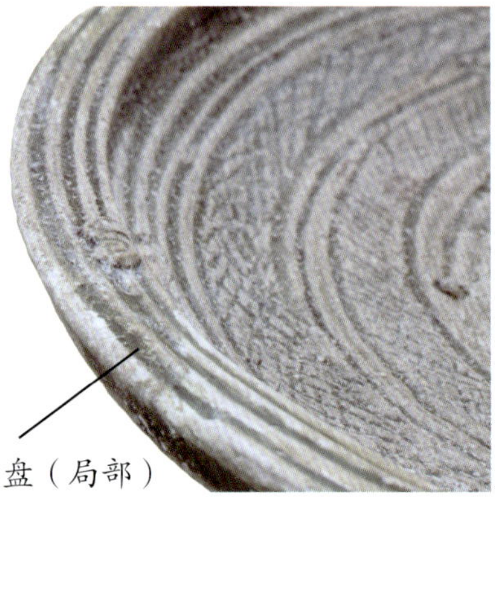

原始青瓷盘（局部）

石 器

石器，是指以各种岩石为原料制作而成的工具，它是人类早期最主要的生产工具，盛行于人类历史发展的初期阶段。可以说，从人类出现直到青铜器等金属工具出现之前，石器在人们的生产活动中一直都占据绝对主导地位，前后共持续了二三百万年。同样，石器也是昙石山遗址出土文物中的重要类型之一。从制作方法上看，昙石山遗址出土的石器主要以磨制石器为主，少部分为粗加工的打制石器。颜色以灰黑色最多，还有少量灰色和灰褐色等。器型包括锛、镞、斧、凿、钺、刀、镰、矛、凹石、戈等。

石 锛

石锛作为史前时期最常见的一种生产工具，也是昙石山遗址出土数量最多的一种石器类型。据统计，昙石山遗址共出土各种石锛 319 件，约占遗址全部出土石器的一半还多。它们一般为单面刃，少数为双面刃，有的石锛上端还有“段”（即磨去一块），称“有段石锛”。从外形上看，这些石锛有长方形、梯形、方形等，横截面多呈长方形、菱形、三角形、椭圆形等。

石 锛

新石器时代昙石山文化时期(距今 5000～4300 年)。长 3.9 厘米，宽 2.8 厘米，厚 1 厘米。于闽侯县昙石山遗址出土。

黑色凝灰岩石质。平面呈长方形，横截面为扁方形，单面刃，背微弧，通体磨制光滑，是新石器时代常见的石器类型。

昙石山人石器使用模拟图

昙石山遗址出土的各种形状的石锛

石 镞

石镞就是石制箭头，是古代先民们用于打猎或战争的重要武器之一，使用时再装配上箭杆，具有较大的杀伤力。据统计，昙石山遗址共出土石镞166件，外形大都呈长菱形，磨制十分精细。

石 镞

新石器时代昙石山文化时期（距今5000～4300年）。长7厘米，宽1.3厘米，厚0.8厘米。于闽侯县昙石山遗址出土。

黑色凝灰岩石质。平面呈长菱形，横截面呈扁菱形，通体磨制精细。这是新石器时代常见的石器类型。

昙石山遗址出土的各种形状的石镞

石 斧

石斧是远古时代人们重要的生产工具之一，多用于砍伐树木等。相对于石锛来说，石斧要厚重很多，外形看上去大多呈梯形或近似长方形，双面刃，通体磨制而成。昙石山遗址共出土石斧 16 件。

昙石山人石器使用模拟图

石 斧

新石器时代昙石山文化时期（距今5000～4300年）。长9厘米，宽4.7厘米，厚2厘米。于闽侯县昙石山遗址出土。

浅灰色石质。平面为圆角长方形，横断面亦呈圆角长方形，两端微外弧，双面刃，通体磨制。

石 凿

石凿是新石器时代人们加工木材时用来挖槽或穿孔用的十分重要的生产工具。据初步统计，昙石山遗址共出土石凿18件，它们大多为长方形，制作不太规整。

昙石山遗址出土的石凿

石 凿

新石器时代昙石山文化时期（距今5000～4300年）。长6.9厘米，宽2.2厘米，厚0.8厘米。于闽侯县昙石山遗址出土。

黑色石质。长方形，扁平体，截面近梯形。磨制精细，局部有崩疤。

石 钺

石钺是一种扁平、穿孔的双面刃石器，在我国新石器时代遗址中，这种石器数量很多，尤其是在长江中下游地区发现最多，分布范围也最广，其外形看上去有些像现在的斧头。石钺最早是用作生产工具的，后来才逐渐演变成武器，最后更是变成了象征权力和威严的礼器，并且多为酋长、部落首领所占有。昙石山遗址共出土石钺 6 件。

石 钺

新石器时代昙石山文化时期（距今 5000 ～ 4300 年）。长 8.8 厘米，宽 12.1 厘米，厚 0.8 厘米。于闽侯县昙石山遗址出土。

灰绿色石质。窄背，单面刃，对钻双孔，刃部呈弧形。

石 刀

顾名思义，石刀是用石头磨制而成的刀具。石刀是新石器时代人们重要的生产和生活用具，它既是劳动工具，有时也是人们随身携带的武器。昙石山遗址共出土石刀 3 件。

石 刀

新石器时代昙石山文化时期（距今 5000 ～ 4300 年）。长 6.5 厘米，宽 3.7 厘米，孔径 0.7 厘米。于闽侯县昙石山遗址出土。

青灰色石质。近长方形，上端稍弧，刃部锋利微内凹，有两个单面钻孔。

石 镰

石镰是我国古代一种长条形、弧刃的农业收割工具。早在7000多年前，我国北方黄河流域就已经普遍种植粟（俗称小米），而石镰当时就是收割粟的重要工具。使用时，在石镰后端捆绑上木柄，一手把地里的粟秸攥成一束，另一手则持镰割断成束的粟秸。后来，为提高石镰的切割效率，人们还特意把镰的刃部加工成细密的锯齿状。昙石山遗址共出土石镰7件。

石 镰

黄土仑文化时期（距今3500～2700年）。长7.4厘米，宽2.7厘米，厚1.3厘米。于闽侯县昙石山遗址出土。

灰黑色石质。前部截面呈三角形，凹弧刃，通体磨制精细，刃部十分锋利。

昙石山人石矛使用模拟图

石 矛

矛是古代一种用于直刺和扎挑的长柄格斗兵器，也是古代军队中装备数量最多和使用时间最长的冷兵器之一。在原始社会，人们把长木棒的尖端削磨成尖锐的“锋”，用来扎刺鱼、兽，这大概就是矛的前身。后来，人们开始用石头打制成石矛头，用兽骨磨制成骨矛头，再绑缚在长木柄上，这就大大提高了矛的刺杀效果。昙石山遗址共出土石矛5件，均残。

石 矛

新石器时代昙石山文化时期（距今5000～4300年）。残长7.4厘米。于闽侯县昙石山遗址出土。

黑页岩石质。扁平叶形，通体磨制精细。头部残损。

凹 石

凹石，新石器时代人们常用的敲击和捶打工具。昙石山遗址共出土凹石14件，形状各异，主要用于砍砸贝类、兽骨等。

昙石山遗址出土的凹石

凹 石

黄土仑文化时期（距今3500～2700年）。直径7.3～7.9厘米，厚1.9厘米。于闽侯县昙石山遗址出土。

由平面呈圆形的扁平河卵石加工而成，两面中部各有一个打击形成的凹坑，卵石周边局部尚存打击痕迹。

昙石山遗址出土的凹石

石 戈

与石镞、石矛一样，石戈也是一种捕猎工具。昙石山遗址出土石戈很少，迄今只发现了1件，且残损。

昙石山遗址出土的石戈

石 球

石球，新石器时代常见的石器种类之一，通常由石料磨制加工而成，有些则是直接利用天然鹅卵石制成，兼有兵器与工具双重职能。昙石山遗址博物馆收藏石球2件。从外表看上去，均磨制精细，局部崩损，使用痕迹明显。

昙石山遗址博物馆收藏的石球

磨制石器

磨制石器是指表面磨光的石器，其制作工序是先将石材打成或琢成适当形状，然后在砺石上进行研磨加工而成。其种类很多，常见有锛、斧、刀、铲、凿、镰、矛、镞、杵、臼等。

骨角器

骨角器是古代先民们利用兽骨或动物头角（如鹿角）等磨制而成的各种生产和生活用具。此类器物可用作渔猎工具或者是装饰品等，是史前时期十分常见的一类器物。在考古学中，骨角器的出现，常被视作人类文明进步的重要标志，因为磨制骨角器需要更多锯、切、削、磨、钻等相关技能。

昙石山遗址出土的骨角器，主要有镞、锥、针、凿等。其中，除了骨镞、骨针磨制十分精细外，其他仅限于刃部精加工。而角器主要是利用鹿角加工而成，锥部精磨。此外，牙刀则是由野猪獠牙磨制而成。

骨 镞

骨镞是新石器时代人们常用的一种狩猎工具，当时损耗较大。因此，在昙石山遗址出土的各种骨器中，骨镞的数量最多。显然，当时的昙石山人已经普遍使用弓箭。据统计，昙石山遗址共出土骨镞44件。

昙石山遗址出土各种各样的骨镞

骨 镞

新石器时代昙石山文化时期（距今5000～4300年）。长7厘米，宽1.6厘米，厚0.7厘米。于闽侯县昙石山遗址出土。

系用动物肢骨磨制而成。长梭形，短铤，铤翼不分。横截面呈菱形，通体磨制精细，刃部锋利。

骨锥和角锥

骨锥和角锥是新石器时代人们经常使用的一种钻孔工具，也是当时先民们穿透兽皮等物品的重要工具。昙石山遗址共出土骨锥 16 件，角锥 11 件。

昙石山遗址出土的骨锥

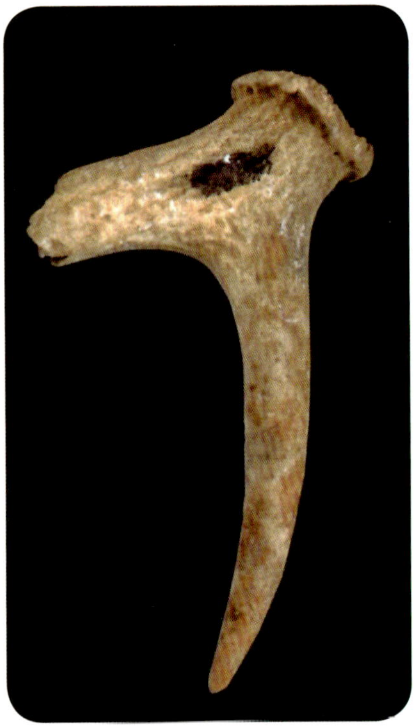

角 锥

新石器时代昙石山文化时期(距今 5000 ～ 4300 年)。长 14.5 厘米。于闽侯县昙石山遗址出土。

系用双叉鹿角磨制而成，其中一枝鹿角折断，剩下一枝鹿角直接使用。整体呈圆锥体，前端磨成尖锥形，因长期使用而磨钝。

昙石山遗址出土的骨针

骨 针

骨针可以说是人类最早的缝纫工具。在我国，骨针从旧石器时代晚期开始出现，到新石器时代和商周时期普遍使用，直到战国、秦汉时期铁针出现并普遍使用后才逐渐被淘汰。昙石山遗址出土的骨针大都比较破碎，保存完整的极少。

骨凿

骨凿与石凿一样也是古代人们常用的挖槽、穿孔或打眼工具。昙石山遗址共出土骨凿 8 件，也是用动物肢骨制成，仅在尾部磨成凿状。

昙石山遗址博物馆收藏的骨凿

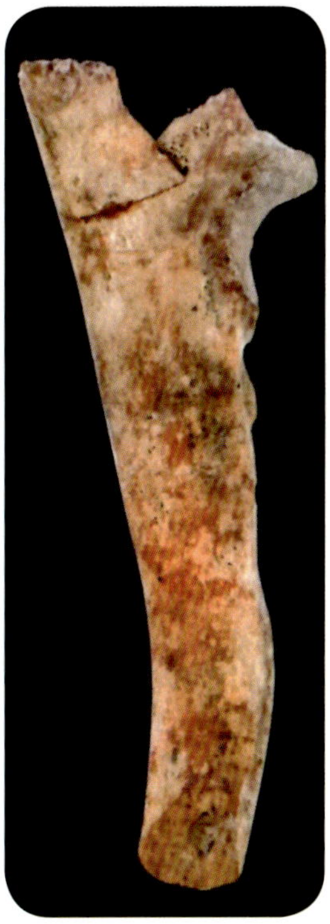

昙石山遗址出土的骨凿

骨匕

骨匕是史前时期人们常用的一种切割工具，多是利用动物的肢骨加工磨制而成。此类器物或因制作起来更加困难，工序复杂，费时费力，产量有限，所以考古出土的这种器物相对较少。昙石山遗址博物馆仅收藏骨匕 1 件。

昙石山遗址博物馆收藏的骨匕

系动物骨磨制而成，牙黄色。长 6.7 厘米。平面呈斜“V”形，扁而薄，这是新石器时代相对较少见的骨器类型。

一般都是成双成对地出土于死者耳部位置。所以专家推测，在古代，人们常常用它来作为耳饰或佩饰，就类似今天的耳环。新石器时代的玉玦，制作工艺简单古朴，光素无纹，而商周时期的玉玦一般则制作比较精细，突出美感，并且表面多雕刻有精美的纹饰。昙石山遗址出土玉玦2件。

玉 玦

黄土仑文化时期（距今3500～2700年）。外径3.7厘米，内径2.6厘米，厚0.35厘米。于闽侯县昙石山遗址出土。

青玉质。整体呈扁圆形，横断面呈圆角长方形。通体青绿色，局部灰白，不透明。这是当时较少见的玉器。

贝 器

顾名思义，贝器就是以各种贝壳为原料制作而成的器具，此类器物在史前时期较为常见，但利用牡蛎壳为原料制作而成的贝器，作为一种材质较为特殊的器物，这种器物在中国的考古发掘中并不多见，一般仅见于沿海地区的新石器时代文化遗址，属于典型的史前“贝丘文化”遗存，具有突出的海洋文化特性。其中，福建昙石山遗址出土的贝器大都是利用一种海生长牡蛎壳制作而成，是当时中国沿海地区特有的砍砸、刮削和挖掘工具。

贝丘文化

贝丘，又叫贝冢或贝丘遗址，是古代人类居住遗址的一种，以其中包含有大量古人吃剩下而抛弃的贝壳为特征。这种遗址多位于江海、湖泊及河流沿岸，在世界各地都有广泛分布。人们根据贝丘的地理位置和贝壳种类的变化，可以了解古代海岸线和海水温差的变迁，所以贝丘对于研究和复原古代的自然条件和生活环境有着很大帮助。

福建省昙石山遗址博物馆共收藏各种史前贝器近30件，它们均出自昙石山遗址和庄边山遗址（两者同属昙石山文化，且距离很近，仅隔闽江相望），器型包括铲、刀、耜和双肩器等。

《说文解字》载：“贝，海介虫也。”《神农本草经》云：“牡蛎有三，皆生于海。”牡蛎是常见的海生软体动物，属浅海贝类，目前世界上总计有 100 多种。其中，产于我国沿海的有 20 余种。考古资料证明，昙石山遗址出土的贝器均为利用一种生长年龄在 4 ～ 5 年的长牡蛎壳（俗称“草鞋蛎”）制作而成，这些牡蛎不仅为人们提供了食物，还为人们提供了制造工具的原料。

人们将这些吃剩下的牡蛎壳简单敲砸，去除表面突出的钙质附着物，再于两侧及顶端粗磨加工、刃部精磨锋利，有些还在器身施以穿孔制作成各种工具。其中，利用长牡蛎壳加工而成的贝刀、贝铲等就是福建“昙石山文化”的典型代表，从使用功能上看，它们应该属于当时人们采集食物时所使用的一种“刮削器”或农作物收割工具。

昙石山遗址和昙石山文化

昙石山遗址，是昙石山文化的最典型代表，也是昙石山文化的直接命名地。不过，在福建地区还有很多新石器时代遗址，比如闽侯庄边山遗址、溪头遗址，福清东张遗址等，这些遗址中出土的很多文物特征及其所反映的文化性质等跟昙石山遗址几乎完全一样，因此这些遗址在考古学上也属于昙石山文化。

贝 铲

福建省昙石山遗址博物馆收藏的贝铲器形大多呈三角形、梯形或长方形，有的在器身中部穿双孔或四孔。

三角形贝铲

新石器时代昙石山文化时期（距今 5000 ～ 4300 年）。长 11.8 厘米，宽 7.2 厘米，厚 0.8 厘米。于闽侯县昙石山遗址出土。

这件 2009 年昙石山遗址第 10 次考古发掘出土的贝铲，器形整体呈圆角三角形，弧背弧刃，背上局部磨制光滑，中部偏上位置穿对称双孔。同时，可以看出因长期使用致使刃部一侧磨损严重。

梯形贝铲

新石器时代昙石山文化时期(距今5000～4300年)。长14.3厘米，宽9.5厘米，厚0.5厘米。于闽侯县庄边山遗址出土。

这件1982年庄边山遗址第2次考古发掘出土的贝铲，其制作工艺相对前者明显更加精细，平面呈梯形，弧背平刃，穿4孔，通体磨光。

贝刀

福建省昙石山遗址博物馆收藏的贝刀器形大多呈梯形、长方形、椭圆形或半月形，器身多穿对称双孔。

梯形贝刀

新石器时代昙石山文化时期（距今5000～4300年）。长12.6厘米，宽6.5厘米，厚0.7厘米。于闽侯县昙石山遗址出土。

这件1965年昙石山遗址第6次发掘出土的贝刀，器身基本呈梯形，整体较平，刃及一侧局部残损，穿对称双孔。

贝耜

福建省昙石山遗址博物馆收藏的贝耜器形大多呈三角形或梯形，有的器身上部穿双孔。

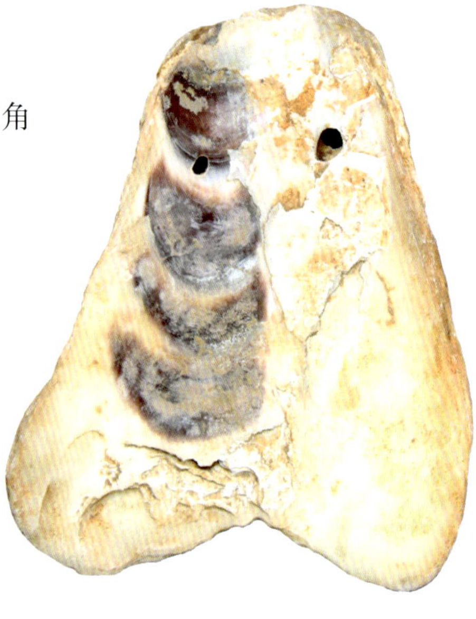

三角形贝耜

新石器时代昙石山文化时期（距今5000～4300年）。长13厘米，宽10厘米，厚0.8厘米。于闽侯县庄边山遗址出土。

这件1982年庄边山遗址第2次发掘出土的贝耜，器身略呈长三角形，通体较为光滑，刃中部磨损较甚，显然属于长时间使用的结果。

双肩器

福建省昙石山遗址博物馆收藏的牡蛎双肩器器形大多呈扁长圆形，平背，有双肩。

双肩器

新石器时代昙石山文化时期(距今5000～4300年)。长12.3厘米，宽8.4厘米，厚0.5厘米。于闽侯县昙石山遗址出土。

这件2004年昙石山遗址第9次发掘出土的牡蛎双肩器，器形整体呈扁长圆形，器身较为平滑、规整，刃部磨制锋利。

关于这些铲、刀、耜等牡蛎器的具体用途，学界通常认为是“同收割农作物有关的生产工具”，也有人认为是一种装饰品，但仔细观察，它有使用痕迹，而且刃部颇锋利，似为一种刮削用的工具，因此，很可能是“铲形刮削器”。

耜

“耜”在中国古代很多文献中早有记载，它通常与另一种生产工具“耒”并称为“耒耜”，是重要的农耕用具，《汉书·食货志》载：“神农氏作，斫木为耜，揉木为耒。”《淮南子·汜论训》曰：“古者剡耜而耕，摩蜃而耨。”

考古发现证明，中国古代也确实存在过“耜耕农业”阶段，而且“耒耜”的使用年代也相当长久，直到商周时期还是重要的挖土工具。如《夏小正》载：“农纬厥耒，纬，束也，束其耒云尔者，用是见君之亦有耒也。”《诗经·良耜》曰：“畟畟良耜，俶载南亩。”战国时，“耒耜”依然是主要的整地工具，如《管子·海王》载：“耕者必有一耒、一耜、一铫，若其事立。”直到三国以后，这种工具才逐渐退出历史舞台。

《尚书·禹贡》曰：“淮海惟扬州，岛夷卉服，厥篚织贝。”对于生活在中国东南沿海地区的先民而言，贝壳类生物更是影响和渗透到人们生活的各个方面。昙石山遗址历次发掘出土的大量贝壳堆积，也可以间接证明贝类是当时先民的重要食物来源。

这些食用后的贝壳经长年堆积，形成了今天昙石山遗址独具特色的“贝丘文化”，也印证了《逸周书·王会解》中“东越海蛤”的记载。

尤其是在昙石山遗址第6次考古发掘中所发现的19座灰坑和20多座墓葬中，有的坑内几乎全是蛤蜊壳，可谓是名副其实的“贝丘遗址”。

似曾相识 昙石山人的相貌容颜

昙石山人的头骨形态大多呈卵圆形，颅顶缝相对比较简单，有些头骨上还存在有矢状嵴，他们的面部基本上都较为扁平，颧骨比较大，并且多向前凸出。所以，无论是从外观形态上观察，或者是同现代以及国内其他新石器时代遗址中出土的很多同属蒙古人种的测量指数对比，都显示出新石器时代的昙石山人应该属于“蒙古人种南亚类型”（或称“海洋蒙古人种”）。

出土人骨鉴定

人骨是一种较为特殊的自然遗物，昙石山遗址在历次考古发掘中共清理出 89 座墓葬，其中保存非常好的人骨遗骸样本数量不是太多，大部分人骨遗骸都有或多或少的残缺。遗址发掘至今，曾先后 3 次聘请国内外有关专家对遗址出土的人骨遗骸进行性别、年龄、病理以及人种等方面的鉴定。

20 世纪 70 年代，中国科学院古脊椎动物与古人类研究所的韩康信、张振标等同志曾对昙石山遗址第 6 次考古发掘出土的人骨标本进行了首次测定。根据田野考古发掘材料记录，昙石山遗址第 6 次考古发掘共出土人骨架 29 具，其中小孩骨架 12 具，成人骨架 17 具。但因年代久远，遗骸保存整体欠佳，经过仔细整修后，可供观测鉴定的只有 9 个头骨（男性 3 个，女性 6 个）。

1997 年，福建医学院解剖教研室的专家现场对昙石山遗址第 8 次考古发掘出土的墓葬人骨进行了性别和年龄特征鉴定。结果显示，在可鉴

昙石山遗址墓葬出土现场

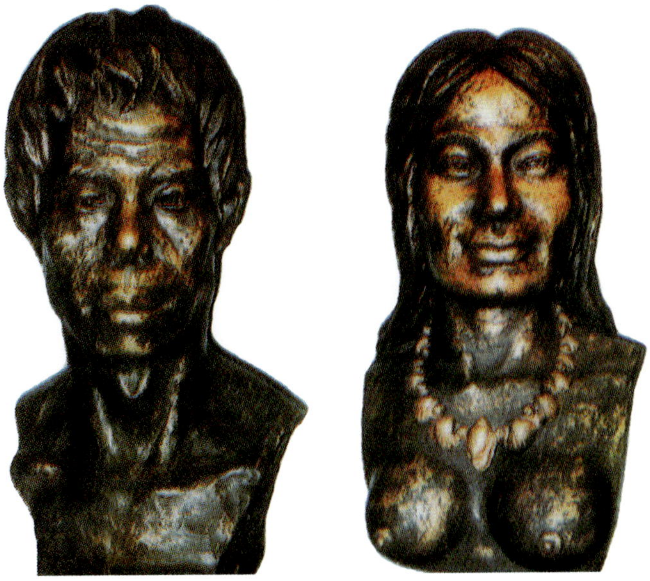

昙石山人复原头像

定的28座墓葬中，少年和儿童墓有4座，成人墓有24座，其中年龄最小的为2～3岁，最大的为55岁左右。

鉴定结果显示，昙石山遗址先民的死亡年龄普遍都偏低。经测算，他们的平均寿命一般都在30岁左右，所以几乎都称不上长寿，可见当时生存条件之恶劣。

此后，专家们经过仔细观察研究后，认为这些昙石山人的头骨形态大多呈卵圆形，他们的颅顶缝（解剖学术语，指颅骨之间仅有少量结缔组织相连而形成的缝隙）较为简单，在一些头骨个体中还存在有矢状嵴（是一道沿着颅骨顶部中线的脊状骨头，很多哺乳动物和爬行动物都有这样的颅骨结构），且面部整体扁平，颧骨一般都比较大，且向前凸出，转角处也不是很圆钝，鼻根很浅，而且都有些凹陷，鼻前棘（鼻子中间软骨后面的那个骨头）低矮，眼眶角比较圆钝，梨状孔下缘较多鼻前窝型，犬齿窝不发达，上颌铲型门齿出现率很高等现象，具有很明显的蒙古人种特征。

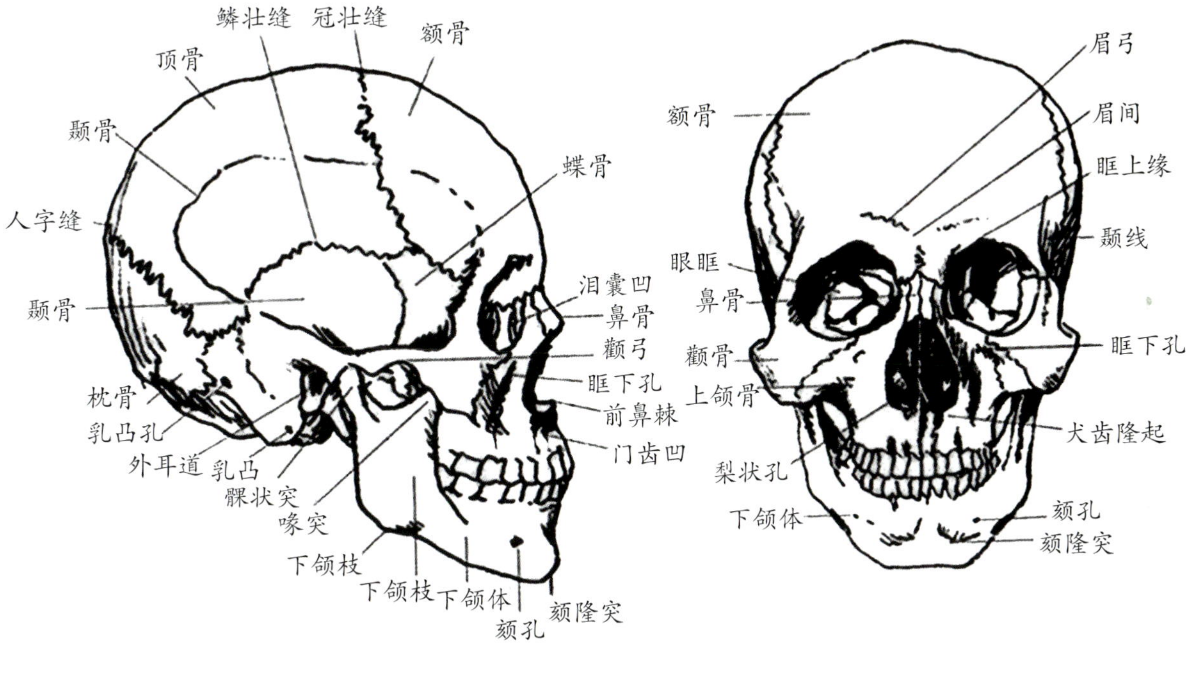

人头骨结构图

再者，昙石山人的一些头骨还具有头型较长的特点，从顶面看上去大多都具有较为凸出的颧弓，顶结节位置也比较高，由顶结节向下的颅侧壁较直，有近一半头骨个体的眶形较低，梨状孔下缘婴儿型也较多，人型出现率很小，这在某种程度上与现代的马来西亚人、爪哇人等较为接近。同时，他们额中缝的出现率可能较高，这与我国现代的云南人和福建籍台湾人较为相似。

另外，据推算还得出昙石山人男性的平均身高约为 163.5 厘米。这个身高数值与我国其他很多新石器时代遗址出土人骨的平均身高（陕西半坡组 169.5 厘米，宝鸡组 168.5 厘米，华县组 168.4 厘米，山东大汶口组 172.3 厘米，西夏侯组 171.3 厘米）相比明显偏低，所以说，昙石山人的身材整体偏于矮小。

综合来看，昙石山新石器时代的人类，无论是从人体骨骼形态上观察，还是从实际测量数据对比，都显示出他们在体质特征上与蒙古人种的南亚类型比较接近，应该属于“蒙古人种南亚类型”（或称“海洋蒙古人种”）。

1999 年，中国社会科学院潘其风教授对昙石山遗址第 8 次发掘出土的部分人骨又进行了一次相关的鉴定，并特别对 M137 墓中的人头骨再一次进行了详细测定。最后，鉴定结论认为，该墓主人（图中间墓）是一个 25 岁左右的女性，其体质特征与蒙古人种的南亚类型相接近。

在今天的昙石山遗址博物馆里，一个人头骨占据着博物馆展厅内十分显著的位置。虽然它是整个遗址所有出土墓葬中头骨保存最为完整的一具，但最初它的发现并未引起考古人员的特别注意，因为看起来它和普通头骨并没有太大区别，不过随着研究的深入，后来它却成为昙石山遗址最重大的考古发现之一。这究竟是怎么回事，这具头骨到底有何特别之处呢？

1998年，经国家文物局批准，中日联合考古研究人员对16具出土于昙石山遗址的人类骨骼再次进行了详细鉴定。其中，这次对考古编号为M137墓中人头骨的鉴定结果竟然出乎所有人的预料，因为在鉴定过程中，研究人员发现在这具人头骨的左侧颧骨中间有一条细微的“骨缝”，以致把左侧颧骨分成了上下两部分，而这在现代医学解剖学上，仅存在于部分日本人当中，所以人类学家就把具有这种特征的人骨称为“日本人骨”。

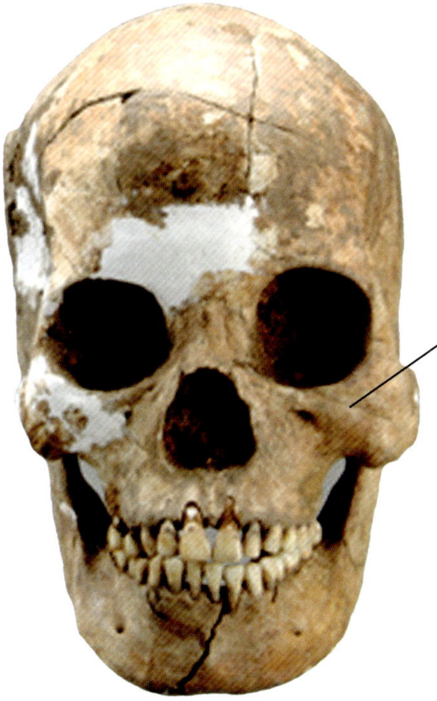

该头骨（图左）的颅形为卵圆形，眉弓发育较弱，额部平直，乳突发育中等，圆形眼眶，心形梨状孔，鼻梁凹型，犬齿窝较浅，颧骨高而宽且转角不太圆钝。

左侧颧骨（图右）中下部有一贯通颧骨的骨缝，此骨缝将颧骨分为上下两部分，其中，下方之颧骨块被称为“日本人骨”。

昙石山遗址M137出土的人头骨

谜 团

这具与众不同的特殊人骨为什么会出现在距今已有5000年的福建昙石山遗址，她到底是谁，来自哪里，究竟是怎么死的，她的后代又去了哪里……这一切，今天的人们都已无从知晓，就当是昙石山人精心守护的一个秘密吧。

筚路蓝缕 昙石山人的生业形态

在人类发展的不同阶段，地理环境和自然条件都对人类的物质生产活动有着极大的影响，尤其是在 5000 年前的新石器时代更是如此。所以，依山傍水的优越自然环境，在很大程度上决定了昙石山先民生计方式的选择，也支配和主导了他们的生业形态。他们以适应自然环境为前提，依赖富饶的山海资源，在非常低下的生产力条件下，从事着艰苦卓绝的生产劳动来发展社会经济，并在此基础上创造了属于自己的生活。

手工制造

陶器制作

从昙石山遗址出土的大量制作精美、器形种类丰富的陶器，以及发现的集中且连片的多座陶窑遗迹来看，表明当时昙石山先民的制陶业已初具规模，可以推断其在整个社会生产中或者已经成为比较专业化的部门。

昙石山遗址出土的陶杯（左）和陶豆（右）

昙石山遗址出土的陶窑遗迹

昙石山遗址所发现的5座陶窑遗迹，全部集中在10平方米左右的地方，它们相互毗邻，连成一体，可能是同一个陶工管理下的焙烧工场。

根据陶器的制作工艺看，当时的昙石山人制陶工艺采用了手制和轮制两种方法。

手制法

在昙石山文化早期，昙石山人的陶器制作主要以手制为主，采用泥条盘筑法，陶器制成后经过加工抹平，有的口部还要经过轮修。

泥条盘筑法示意图

昙石山遗址出土的石镞（磨制）

新石器时代则非常盛行磨制石器，这种石器先是用石材打制或琢成大概的形状样式，然后再于砺石上进行仔细打磨加工而成，其种类有很多，常见的有斧、凿、刀、镰、犁、矛、镞等。

显然，到了昙石山人所处的新石器时代晚期，人类制作石器的技术已经有了很大进步，在对石料的选择、切割、磨制、钻孔、雕刻等工序上也都已经有了一定的技术要求。

待石料初步选定后，人们首先是打制出石器雏形，然后再把其刃部或整个表面放在砺石上加水和沙子进行不断打磨，经过这道程序，打制石器也就变成了磨制石器。

磨制石器与打制石器相比，已经具备了上下左右各部分更加准确合理、形制更加规则、用途趋向也更为专一的特点。同时，还增强了石器刃部的锋利度，减少了使用时的摩擦阻力，从而提高了石器的使用效率。

昙石山人石器制作场景复原图

此外，新石器时代的石器种类相对于旧石器时代也大大增多。比如，新石器时代早期遗址中大量出土的农业、手工业和渔猎石器种类有斧、锛、铲、凿、镞、矛、磨盘、网坠等，后来又相继增加了犁、刀、锄、镰等新类型。

而随着生产工具的不断改进，人们与自然界斗争的能力日益增强，社会生产和生活的空间也变得日益广阔起来。但由于当时人们所能利用的自然材料只不过是石、木、骨、角、天然纤维等，这在很大程度上限制了生产和生活工具的创造及发展。

从昙石山遗址出土的各种各样的石器制品看，有些石器，尤其是遗址下层出土的早期石器看上去还非常粗糙，仅在刃部稍加磨光，甚至很多还是半成品。不过，相对来说，遗址中、上层出土的大部分石器制作的还都非常精细，器身磨制的也很光滑，这说明当时昙石山人的石器制作水平越来越高，技术成熟度相对早期已经有了很大提高。

总之，昙石山文化时期，人们的石器制作水平相对早期已经有了显著提高。这时候，石器磨制技术有了很大进步，并出现了钺形石器、石镰等新的类型，这可以说是昙石山先民创造性劳动的成果。

贝器制作

5000 年前，昙石山先民已经懂得因地制宜、就地取材的道理，他们把食用后剩下的一些个体较大的牡蛎壳，特别是长牡蛎壳，加工成各种生产和生活用具。但是，从昙石山遗址出土的这些贝器来看，其加工大部分非常粗糙，制作工艺也相对落后，这与浙江河姆渡文化中发达的骨器、木器等相比，农耕痕迹不甚明显。可见，当时的昙石山人其农业发展还处在较低水平，可能还仍然徘徊在最原始的农业初级阶段。

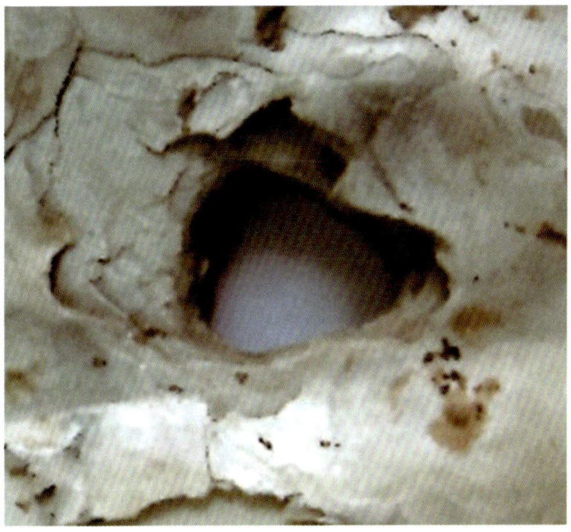

昙石山遗址出土的贝铲及局部放大图

昙石山人缝衣模拟图

手工纺织

昙石山遗址中出土了大量纺织用的陶纺轮，缝补衣物用的骨锥、骨针等生产工具，这说明当时昙石山人的手工织造技艺水平已经很高，他们已经能够穿针纺线、织布缝衣。由此可见，纺织已经成为昙石山先民日常生活中的一项重要内容。

昙石山遗址出土的陶纺轮

纺轮使用示意图

渔猎采集

昙石山遗址出土的大量动物骨骼遗骸为我们了解昙石山人的生活方式打开了一扇窗口。经鉴定，昙石山遗址出土的动物骨骼种类包括象、虎、棕熊、水鹿、牛、獐、梅花鹿、犀牛、叶猴、豪猪等陆生动物。此外，还有一些水生的、不辨类别的少量鱼类和两栖爬行动物龟、鳖等，表明当时昙石山人的渔猎经济非常发达。

捕 猎

从捕猎对象看，在昙石山遗址所发现的动物遗骨种类当中，野生哺乳动物以食草类的鹿类为主，此外，还有虎、熊、象、犀牛等。

其中，有些动物骨骼标本属于大型的野兽。虽然目前还没有确凿的证据能够证明当时的昙石山人已经有能力进行捕捉或猎杀这些猛兽，但这些动物的骨骼遗骸既然已经出现在遗址当中，在一定程度上就可以理解为当时它们是作为人们的食物而出现的，因而当时的昙石山人可能存在偶尔围猎大型动物的狩猎行为。这从昙石山遗址博物馆遗址展厅内一具非正常死亡的人体遗骸中，或许能提供一些线索。

胸骨凌乱之谜

这具人体遗骸正在安静地沉睡，只见其头骨凹陷，骨骼凌乱，大张着嘴巴仿佛要向今天的人们诉说他悲惨的遭遇。尤其是他的胸部肋骨横七竖八，排列毫无规律，与正常死亡的人体肋骨差别很大。也许会让我们浮想联翩，他是怎么死的？这错乱的骨骼又是什么原因造成的呢？是不小心摔下悬崖？还是因为残酷的部落战争……

曾经有人怀疑这种骨骼凌乱现象是由于考古人员在发掘中不小心造成的，其实不然，因为在细致的发掘过程中，考古人员发现这个墓葬保存非常完整，并没有任何自然或人为扰动的迹象。那么，他到底是怎么死的呢？让我们透过遗址出土文物继续回到昙石山人早期生活的年代，从那5000年前福建先民的生存状态中去寻找蛛丝马迹。

昙石山遗址出土的鸟类和禽类骨骼

后来，为解开“胸骨凌乱之谜”，考古专家们从昙石山遗址出土的大型动物骨骼、其中不乏一些猛兽中得到某些启发。通过遗址中出土的这些猛兽遗骨再联想到这具凌乱的人骨遗骸，专家们做出了大胆想象：当时，昙石山先民利用他们手中的原始工具开始了与猛兽之间的生死较量，然而，人类单薄的身躯有时终究无法抵御猛兽的侵扰，最终成为人兽生死较量的牺牲品。这或许就是隐藏在“胸骨凌乱之谜”背后的故事吧。

其实，除大型动物外，小动物也是早期人

类重要的肉食来源之一。昙石山遗址中就发现了为数不少的鸟类、禽类、黑鼠等动物骨骼，表明在当时捕食小动物也是昙石山先民一种较普遍的行为。

此外，从捕猎工具看，昙石山遗址出土的石矛、骨矛、石箭镞、骨箭镞等，主要是用于捕猎陆地上的动物，它们既可以绑束在木柄上进行近距离格斗，也可以用弓箭进行远程射击。

渔 捞

昙石山人驾驶小船出海打鱼场景复原图

从昙石山遗址出土的文物种类看，跟捕鱼有关的有矛、镞、鱼镖、网坠等，可以看出，昙石山人的渔捞方式多样，有原始的叉鱼工具，如矛、镞等，也有射鱼工具，如骨鱼镖，更有结网捕鱼工具，如陶网坠。此外，遗址还出土了很多可能用于凿木造船的小石锛，这说明当时的昙石山人或许已经掌握了驾驶小船出海打鱼的本领。

陶网坠使用复原图

矛、镞通常被认为是狩猎工具，事实上也是捕鱼工具；网坠，也属于捕鱼工具。昙石山遗址出土了很多石镞、骨镞以及陶网坠，说明当时狩猎、捕捞依然在昙石山人的日常生活中扮演着重要角色。

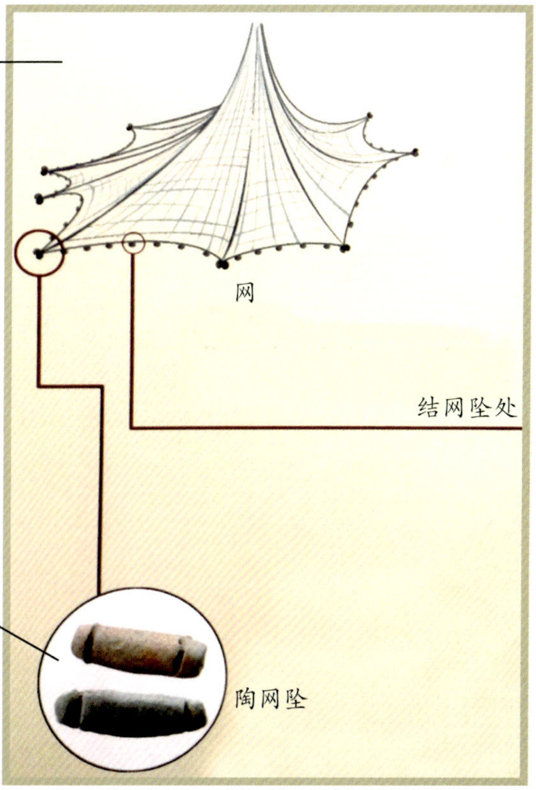

昙石山遗址出土的陶网坠

昙石山人采集食物场景复原图

采 集

在原始社会时期，采集植物果实、根茎等自然界的天然产物一直都是人类谋生的重要手段，也是原始农业出现之前人类最主要的经济活动内容之一。当时，昙石山人采集食物的对象分植物和水生生物（贝类）两种。

先说植物采集。5000 年前，昙石山优越的自然生态环境为昙石山先民提供了非常丰富而稳定的植物资源，在良好的生态环境下，各种块茎类、根茎类、果实类、嫩叶类和野菜类植物必然是丰富多样的。所以，采集应该也是昙石山先民的重要食物来源方式。

然而，在昙石山遗址的历次考古发掘中却极少发现植物遗骸，这主要与当地土壤为酸性红壤有关，植物遗骸不易保存。

再说水生生物采集。水生生物，特别是贝类生物是昙石山先民的主要采集对象，这从昙石山遗址出土的大量水生物遗存就可以看出，比如出土的大量海洋生物贝类。

昙石山遗址出土的贝壳堆积

昙石山遗址出土的厚达 80 多厘米的贝壳堆积，说明采集食物仍是当时昙石山人的重要食物来源。靠山吃山，靠水吃水，平日里昙石山人就是靠着这些采集回来的各种水生贝壳类食物来补充身体营养的。

同时，昙石山遗址还出土了大量可能与采集活动有关的生产工具，如遗址出土的很多贝刀、贝铲等。它们的外形看上去很像某种动物的面孔，所以起初有人认为它们是一种装饰品，但考古工作者仔细观察后发现，这些器物刃部锋利，有使用痕迹，据此认为是“铲形刮削器”。

昙石山遗址出土的牡蛎器

不过，如果联想到现在我国沿海地区的很多渔民在海水退潮时，利用小铲子挖掘贝类等（当地人俗称“讨小海”），以此推断，这种牡蛎器可能是用于“讨小海”的工具，上面所穿的孔，其实是为了方便绑束木柄、便于使用所钻。

这里尤其值得提出的是，昙石山遗址出土的一种非常特别的生产工具——凹石。虽然，目前关于凹石的具体用途还没有定论，但是，有人推测它可能是用于撬开某些贝类坚硬外壳的特殊工具，而上面中间的凹坑刚好可以把贝壳稳稳地放置其内，方便人们使用。这也从侧面印证了昙石山人采集的水生生物对象多为贝类。

昙石山遗址博物馆收藏的凹石

这种圆饼状、中间有凹窝的石器经常出现于我国沿海地区的考古遗址中，年代从新石器时代一直延续到商周时期。

家畜饲养

家畜饲养业是在狩猎经济的基础上发展起来的，它的出现是肉食食物充足的一个明显证据，也是食物储备的重要方式。昙石山先民在捕获动物的基础上，慢慢开始了家畜饲养。

昙石山遗址出土的家猪牙床

相对来说，猪和狗是昙石山遗址中最为常见的动物骨骼种类，也是目前已发现仅有的两种家养动物，其中，猪的骨骼最多。

首先，从昙石山遗址出土的猪的骨骼、牙齿和肢骨形态看，它们都应为同一种属。其次，这些猪的牙齿上小赘瘤相对简单，骨骼尺寸偏小，肌肉附着处也不甚显著，附着面较为平滑，这些特征均表明它们不是人类捕杀的野生猪类，而是人们驯养的家猪。

在昙石山遗址出土的、经过签定的11只猪的骨骼标本中，年龄最大的不足两岁，最小的8个月左右。其中，1岁以下的个体有9只，占81%；一岁以上、两岁以下的个体有2只；不见两岁以上的个体。可以看出，这些猪的屠宰年龄大都在其青年阶段以前，说明昙石山人可能已经掌握了较高的驯养猪的技术。

昙石山人饲养家猪场景复原图

猪为“六畜”之首，猪的驯养和“家化”，使昙石山人的肉食来源有了可靠的保证。因为猪的屠宰年龄与驯养水平有着密切的关系，驯养条件差，技术不佳，饲料粗劣或缺乏，这些原因都必然导致猪的生长发育缓慢，屠宰年龄就自然增大，反之则屠宰年龄自然较小。

同样，狗也是人类最早饲养的家畜之一，这已被很多科学资料所证实。在我国华北、华南等广大地域的许多新石器时代遗址中，也都曾出土过狗的遗骸。不过，在昙石山遗址中，出土狗的骨骼数量并不太多，墓葬中也未见有随葬狗的现象。而在昙石山遗址地层或灰坑中出土的狗骨，大多都十分破碎和零乱，看似经过敲砸吸髓，这反映出当时的昙石山人，他们豢养狗的首要目的可能不是为了帮助其狩猎和看护家园，而是为了食用。

昙石山遗址出土的家犬牙床

昙石山遗址家犬出土现场

原始农耕

纵观人类社会发展史，到了原始社会晚期，与采集、渔猎生产相辅助的，则是原始的农耕经济。农业的产生，是人类社会发展史上的一次伟大革命，是人类由旧石器时代进入新石器时代的重要标志。它使人类完全摆脱了依赖自然的被动局面，由消极适应自然转向积极改造自然、利用自然的光辉历程。

据考古发现，我国在距今七八千年前的新石器时代早中期就已经普遍出现了农耕经济。那么，5000 年前的昙石山人是否也已开始农业生产了呢？因为从 7000 年前的浙江余姚河姆渡遗址中就已经发现大量炭化稻谷来推测，较之晚了 2000 年、同属海洋性文化、且空间距离又不算太远的福建昙石山人，按说应该已经熟练掌握水稻栽培技术了。然而，在昙石山遗址发现后的几十年里，人们一直都无法找到水稻种植的确凿证据，直接证据的缺失使得考古研究者们不得不另辟蹊径。不过，又有哪些旁证可以表明当时的昙石山人已经有了农耕生产了呢？

首先，昙石山遗址出土的很多石斧、石锛属于典型的砍伐工具，贝耜属于典型的农耕工具，说明当时的昙石山人在从事采集、渔猎生产的同时，应该已开始从“刀耕火种”向“锄耕农业”过渡。

昙石山遗址出土的各种生产工具中，包括有砍伐器的石斧、石锛，疑似耕作耘田器的贝铲，收割器的石镰、贝刀等，可以说，这些生产工具在某种程度上都反映了当时相关的一些农耕信息。

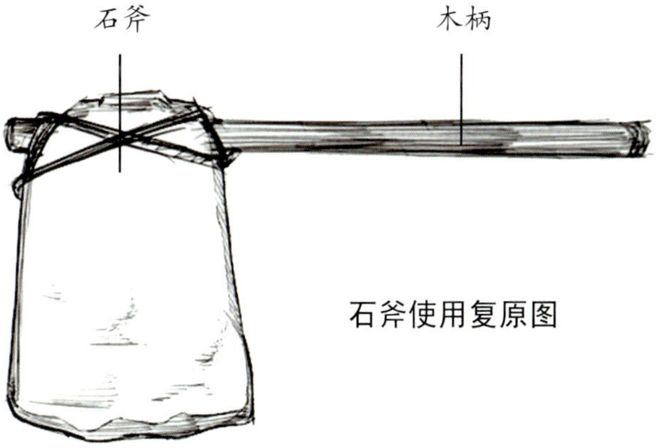

石斧使用复原图

昙石山遗址出土的石锛

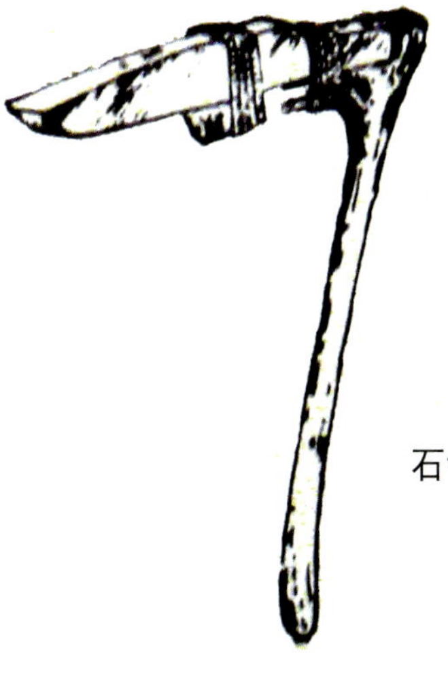

石锛使用复原图

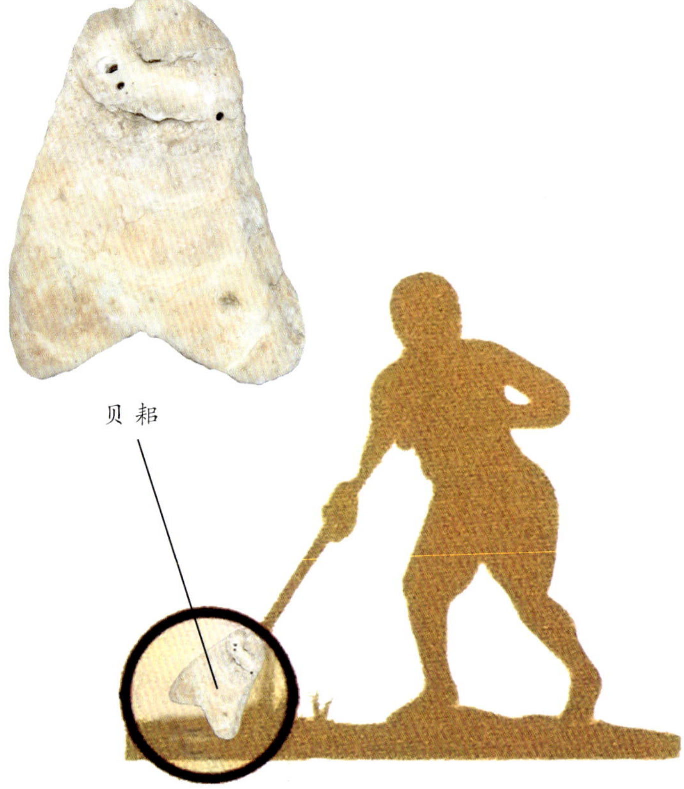

贝耜使用示意图

其次，在福建省同属“昙石山文化”时期的福清东张遗址和南安狮子山遗址中均已发现有谷壳或稻草的痕迹。而人类学者通过对昙石山遗址出土的人类和动物骨骼的骨胶原和骨磷灰石同位素比值进行分析后认为，海洋性食物资源和大米等碳水化合物是昙石山人饮食的重要组成部分，这些都说明昙石山人时代应该已经存在水稻种植。

正当民俗学者和人类学者的研究结果都明确指向那可能存在

昙石山遗址出土的炭化稻谷

现代植物学、遗传学、农学的相关研究已经揭示出，栽培稻是由普通野生稻经过人工培育驯化之后，改变其遗传性状而来的。所不同的是，普通野生稻是一种多年生的可食用植物，而栽培稻则是一种一年生的粮食作物。要把普通野生稻培育驯化成栽培稻，其中要经过一个非常漫长的演化过程。尤其是在人类历史发展的初期，生产力水平还十分低下的情况下，这个过程显然会更加漫长。

昙石山先民辛勤劳作场景复原图

昙石山先民利用闽江下游的冲积平原和平缓山坡，放火烧荒，使用简陋的石斧、石锛与木耒、贝耜等，砍伐草木，开垦田园，种植水稻等粮食和经济作物。然而，木制、石制工具是如此的粗犷和简陋，可以想象先民们青筋暴露、挥汗如雨的辛苦劳作场景。

的水稻种植证据时，考古发现终于姗姗来迟。2004年，在昙石山遗址的第9次考古发掘中，两颗经检测证明为人工种植的炭化稻谷惊现于人们眼前，此时距离1954年昙石山遗址的第1次考古发掘，已过去了整整50年。

炭化稻谷的出土表明，在当时昙石山人的经济生产门类中，已经有了稻作农业，这也是迄今福建地区发现较早的人工栽培稻谷遗存。虽然，这相对于我国江西、湖南、浙江等地所发现的史前稻谷遗存的时间晚了很多，但不可否认，对昙石山先民而言这已经是一种创举。

根据动物考古学者对中国南北方地区史前遗址中出土的动物骨骼进行的对比研究，一般认为家畜饲养要晚于农耕生产，因为只有在首先保证人们食物来源的前提下才能顾及饲养动物，这已被证实为一种普遍规律。那么，当时的昙石山人既然已经有了家畜饲养，原始农耕应该已经开始，甚至已相当成熟。

5000年前，昙石山人为生计所迫制作出各种简单的生产工具，凭着这些原始的手工工具，他们终于迈出了与自然抗争的第一步。他们海滩采贝，江边捕鱼，山林逐鹿，农耕畜牧，制陶纺织，创造了以海洋文明为基本元素的“昙石山文化”，构成了中华文明的重要篇章。

山珍海味 昙石山人的生活方式

俗话说民以食为天。食物是人类赖以生存和发展的物质基础，“吃”历来都是人类的头等大事。“食”在中国已经不仅仅是一种单纯的果腹手段，更是串起伦理、仪式、情感的红线，是维系中国人情感的重要纽带。所以，对于天生钟情美食的中国人来说，“吃”甚至已经上升到了艺术的高度。

食材选择

首先，从遗址出土的动物骨骼种类看昙石山先民的食材选择。昙石山遗址在历次的考古发掘中，均出土了不少动物骨骼遗骸，并且这些骨骼大都十分破碎。经专家鉴定，这些动物骨骼种类包括有熊、虎、象、狗、猪、鹿、狐、羊、麂、羚、牛、猴等。其中，除了狗和猪属于人们饲养的家畜外，其他如虎、熊、象、鹿等都属于野生动物，这些动物骨骼都应该是当时人们平日里吃剩下的动物骨头。

同时，遗址中还发现有一些经烧烤过的啮齿类和鸟禽类动物碎骨，说明它们应该也是昙石山先民肉类食谱的重要补充。除食用动物肉体之外，昙石山先民很可能还有“敲骨吸髓”的习惯，这可以从遗址中出土的很多动物骨骼外观上看出，考古专家们仔细研究后发现，

被敲砸吸髓过的动物骨骼

被烧烤过的动物骨骼

昙石山遗址出土的很多动物骨骼表面都有明显的人工敲砸痕迹，因为这些骨骼的破裂方式和打击痕迹与自然破裂的骨骼痕迹特征明显不同。

昙石山人经常食用的蚬子

此外，从昙石山遗址中发现有大量的贝壳堆积和一些爬行类的鳖科背甲、腹甲、禽类长骨以及鱼骨等，可以看出这些生物也应该是昙石山先民的重要食材来源。其中，遗址中出土的贝壳种类有蚬子、蛤蜊、牡蛎、小耳螺等，其中蚬子的出土量最多。而从遗址出土的蚬壳大小来看，昙石山人以食用中等大小的蚬类为多，它们普遍要比现在闽江中所捕捞出的蚬子稍大一些，但宽度在 2 厘米以下的蚬壳也较多，这种情况反映出当时人们对蚬类的捕捞并没有明显的挑选，而在食用时除了吸取蚬肉以外，更加注重其汤味。

福州地区有句民间谚语：“脱光背（夏天）食蛤，穿棉袄（冬天）吃蛎。”意思就是说夏天时蛤蜊大量上市，正是吃蛤的好季节，而冬天却是牡蛎最肥美的时候，这说明吃海鲜也是有季节周期性的。而水生物既有江河里生长的，也有海里面生长的，即分为“河鲜”和“海鲜”，这类食材一般也都是以水煮或烧烤的方式来食用。

除捕获各种野生动物外，此时的昙石山人还学会了饲养猪、狗等家畜，以备不时之需。

总之，辛勤的劳动为他们舌尖上的美味提供了重要保障，也使昙石山人能够繁衍生息，创造出了闻名后世的昙石山文化。

昙石山人生活场景想象图

比如1996年底，在昙石山遗址第8次考古发掘中，考古人员在同一座墓葬里竟然清理出了大大小小18件陶釜，墓葬里出现陶釜，而且数量如此之多，至今在我国已发现的新石器时代墓葬里都是十分罕见的。

这么多的陶釜究竟是做什么用的呢？难道墓主人是奴隶主贵族吗？答案是否定的。因为5000年前的昙石山仍然处于新石器时代晚期，还尚未进入到阶级社会，显然也就排除了墓主人是奴隶主贵族的可能。

纵观这些陶釜，不少底部都有火烧过的痕迹，据此推测，它们应该是一种炊具，将其与昙石山遗址中经常出现的陶支脚配合使用，用于煮饭、煲汤等，其功能就相当于现在我

5000年前的昙石山位于大海与闽江口交汇处，资源相当丰富，水源充足，既便于渔业捕捞，又利于农业耕作，附近的山丘森林又是狩猎的理想场所，因此非常适合人类居住。随着人口的增加和社会经济的发展，昙石山人在这里逐渐过上了相对稳定的定居生活。

们经常使用的砂锅，煮起饭来十分方便。

但是，如果单纯是为了煮饭，一家人有一两口锅就足够了，为什么一座墓中会陪葬这么多的陶釜呢？这就让我们不禁联想到现在福州人的餐桌，一顿饭往往有七八个汤，都是用砂锅盛着端上来，甚是讲究。

因为福州气候炎热，所以当地人爱喝汤的程度要高出别处很多，几乎达到了“无汤不成席”的地步。而昙石山遗址中这些陶釜的出土，恰恰说明了福州人爱喝汤的饮食习惯可能由来已久。

这么说来，当时的昙石山人完全是基于生前需要，死后才一起随葬这么多陶釜的。这就跟昙石山人当时生活在海边、江边的地理环境以及吃海鲜、河鲜的饮食习惯有关。尤其是现在的福州人都知道，河鲜、海鲜是不能混在一起炖的，要分门别样地炖出来，味道才可口、

贝丘遗址显示了水产生物在昙石山人生活饮食中的重要地位，但原始农业的出现和发展显然改变了昙石山人的食物结构。植物性食物（包括农业所获和采集所获）在昙石山人的饮食中应该居于主导地位，但水产和狩猎所获仍相当重要。此时，他们的饮食方式也已经发展到了煮制熟食阶段，并且很可能已经懂得了食盐的利用。

昙石山人生活场景复原图

鲜美。而今天作为全国八大菜系之一的“闽菜”，其突出的个性之一就是海鲜与河鲜不相混同。

虽然今天的福建人是经过历朝历代南北民族大融合后形成的，但应该来说，无论是来自北方不同时期、不同区域的汉人，还是来自海洋上的其他族群，他们一定会去学习和继承昙石山人的生活习惯，因为昙石山人这种原住民的生活方式是最符合、也是最适应当地自然和人文条件的。所以，无论如何，对于今天的福建人来说，他们的身体里总有那么一部分符号是来自先秦“闽族”，来自昙石山人。

尽管5000年前的昙石山生态环境良好，食物来源较为充足，但随着部落规模的不断扩大，人口增多，偶尔也会有食物匮乏的现象发生。根据昙石山遗址第6次和第8次考古发掘的墓葬情况，我们可以看到，婴幼儿的死亡率非常高，约占墓葬总数的30%以上，而成年人的死亡年龄平均在35～40岁，活到50岁以上的已经算是高寿，60岁以上的更是寥寥无几。这些现象很可能跟当时湿热的气候条件所导致的各种疾病易发有关，但也可能是由食物匮乏所致，至少应该是其中的一个因素。

因地制宜 昙石山人的居住形态

5000年前，昙石山先民日出而作，日落而息，昙石山的炊烟和篝火传承了一代又一代。随着社会经济的发展，昙石山先民也逐渐过上了相对稳定的定居生活。他们以血缘关系为纽带，选择于沿海的台地或江水流域附近的山坡上依山傍水聚族而居，形成了自己的氏族部落。而在昙石山人的部落区内一般都有居住区、手工业区、公共墓地以及防御性的壕沟等基本设施，功能健全，独具特色。

据考古专家研究，5000年前，昙石山先民所居住的房屋类型，多属干栏式（形似吊脚楼）或半地穴式，平面形状呈椭圆形或圆形。其中，在福建福清市东张遗址中发现的一座昙石山文化时期的房址，就是椭圆形半地穴式结构。

经测量，福清东张遗址发现的这座房址底径 2.5 ～ 3.6 米，地面较平整，且铺有一层防

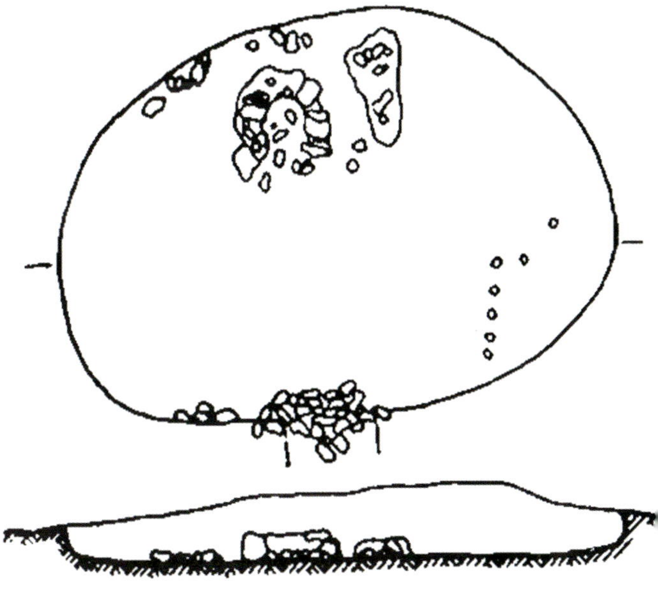

福清东张遗址出土的房址遗迹及其平、剖面图

长期以来，昙石山遗址本身由于村民建房、取土等原因，破坏较为严重，最终保留下来的遗址面积十分有限，虽然经历过多次考古发掘，但迄今尚未发现房址遗迹。但是，在其周边地区的昙石山文化同类遗址（包括闽侯庄边山遗址、溪头遗址和福清东张遗址等）中却发现有少量房址遗迹。其中，1958年发掘的福清东张遗址就属于昙石山文化遗址之一。

半地穴式房屋

半地穴式房屋是北方少数民族的建筑风格，最早的半地穴式建筑出现在陕西西安的半坡新石器时代遗址。北方地区寒冷干燥，这种建筑有利于防寒保暖，与现在的窑洞有着异曲同工之妙。因为它有一部分深入地下，不仅冬暖夏凉，而且能抵御野兽的侵袭。

潮用的灰白色硬土面。在房址西部有1个圆形柱洞，东北角靠墙壁处还有7个小柱洞。房门朝东，门道上铺垫有石块，与门相对临靠西壁处设有供炊煮和保留火种的灶膛。从房屋结构上推测，其建筑材料应该主要是树木和草拌泥，外观上有点类似现在的简易窝棚。

半地穴式房屋复原图

昙石山人居住房屋复原图

第三章

相知昙石山

昙石山先民有着特殊的精神信仰，这体现在其特殊的图腾崇拜（蛇崇拜）、另类的丧葬习俗（割体葬仪）以及怪异的拔牙习俗。

生殖崇拜 有关陶祖的那些事儿

在今天的昙石山遗址博物馆文物展厅里，有一组非常特殊的陶器。关于这批器物，数十年来专家们一直争论不休，有的认为它们不过就是考古发掘中经常见到的非常普通的陶支脚而已，但还有人认为它们并非陶支脚，而可能是“陶祖”，即古代先民的生殖崇拜物。

陶 祖

陶祖是用陶烧制的男性生殖器，它曾是中国远古社会广泛存在的一种生殖崇拜文化，自20世纪20年代瑞典考古学家安特生在河南渑池县的仰韶村首次发现仰韶文化晚期的两件陶祖以来，目前，已在我国云南、新疆、内蒙古、陕西、甘肃、宁夏、河南、山东、山西、湖北、湖南、广东、广西以及台湾等省区发现过这种史前时期的陶祖。

昙石山遗址博物馆收藏的陶祖

昙石山遗址博物馆收藏的陶祖

其实，昙石山遗址博物馆里展出的这批疑似陶祖的特殊陶器并非出自于昙石山，而是出土于距离昙石山100多千米之外的平潭壳丘头遗址。不过，昙石山遗址与壳丘头遗址联系密切，从考古地层叠压关系上看，昙石山遗址大体可分为四期文化遗存，我们通常所说的“昙石山文化”一般是指昙石山遗址第二期文化遗存，而昙

壳丘头遗址地理位置及遗址外景图

壳丘头遗址位于平潭岛之西北部，地处二级阶地的台地上，海拔高度约 5 米。1964 年，壳丘头遗址被首次发现，之后分别于 1985 年和 2004 年进行了两次考古发掘。昙石山遗址博物馆藏的疑似陶祖就出土于壳丘头遗址 1985 的考古发掘中。

石山遗址第一期文化遗存中出土的很多文物种类、器形等则与平潭壳丘头遗址出土的几乎完全相同，两者应具有一脉相承的渊源关系，两地先民也应该具有或延续了共同的精神信仰。因此，壳丘头遗址出土的这批文物才被作为昙石山遗址博物馆的重要组成部分而展出并永久收藏。

那么，考古学家到底是怎么给这些特殊器物进行定性，又是如何判定它们应该就是古代人类的生殖崇拜物——陶祖的呢？

首先，这些特殊陶器，从实际用途上看，其顶部凸起多呈半球状，器身为圆柱或圆锥形，一旦支在釜、锅等炊器底下极易左右晃动，造成釜、锅重心不稳而倾倒。并且，用这些东

陶支脚

陶支脚在我国新石器时代文化中有着广泛的分布，各地陶支脚出现的年代有早有晚，延续的时间有长有短。从形制特征上看，我国陶支脚大体上可分为倒靴形、猪嘴形、馒头形、羊角形、塔形和歪头柱形等几种类型。

所谓支脚，就是在烧饭时支在釜、锅等炊器底下的 3 个分开的物体，其作用是为了在炊器下面形成一定的空间以便于烧火。不过，最初的支脚采用的可能是天然的石头，由于石头加工对古人而言非常困难，后来人们又慢慢学会了用黏土来制作支脚，这样陶支脚便应运而生，迄今发现最早的陶支脚是出自新石器时代早期距今约 8000 年的河北磁山文化。

昙石山遗址博物馆收藏的猪嘴形陶支脚（左）和羊角形陶支脚（右）

西支撑起来的炊器底部明显过于狭窄，无法形成足够的活动空间，不便于烧火，更不可能达到理想的传热效果，而在其表面也未发现有任何烟熏或火烧痕迹。所以，在功能上不能当作陶支脚使用，将其命名为陶支脚显然是不妥的。

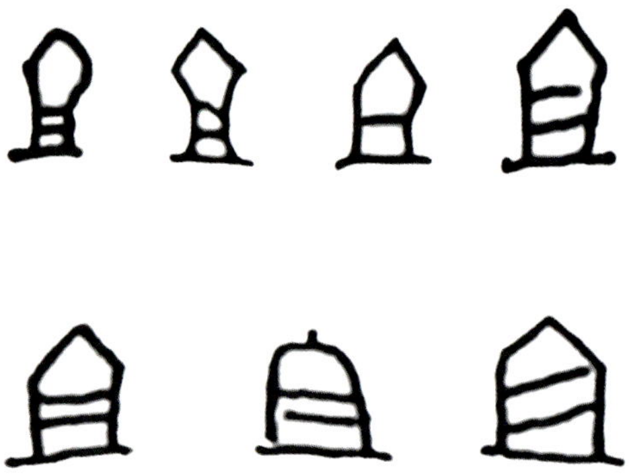

甲骨文和金文中记载的“且”字。上行为甲骨文，下行为金文。

其次，从造字方法上看，汉字最初都是象形文字。《礼记·郊特牲》曰：“万物本乎天，人本乎祖。”又《礼记·檀弓上》：“夫祖者，且也。”事实上，在早期的甲骨文中，并没有发现“祖”字，凡需表示“祖”时均写作“且”(读音为zǔ)。从形状上看，“且”就是“祖”，“祖”就是“且”。而汉字从甲骨文到金文、再到草书的“祖”字，均写成男根的形状，即“且”，充分体现了汉字作为象形文字的特征。

通过昙石山遗址博物馆收藏的这批陶器外观比对，顶部均呈蘑菇型或圆弧型，器身为圆柱形或圆锥形，有些器表还刻划有点线交叉等纹饰，底部则附喇叭形足弓，其外形结构与中国古代甲骨文或金文中所记载的“且”字非常相像。

再次，从整体形态上看，这组器物无论在形态、还是在器长与断面直径的比例上都和我国各地出土的陶祖基本雷同。尤其是蘑菇形陶支脚，整体更是采取了朴拙写实的造型表现方法，与我国各地出土的史前陶祖的基本形制也是一脉相承的。

最后，从时代上看，我国各地史前遗址发现的陶祖，少数见于仰韶文化晚期，距今约5000年，而绝大多数则是见于距今约4000年的龙山文化、齐家文化、屈家岭后期文化以及时代与之相当的其他文化遗址。显然，从时代上看它们都属于新石器时代晚期文化遗存，昙石山遗址博物馆收藏的这些陶祖亦不例外。

生殖崇拜

原始社会普遍流行的一种风俗习惯，广泛存在于世界各原始民族中。当时，社会生产力非常落后，人类抵抗自然力的能力更为低下，人口死亡率很高，再加上科学知识又十分贫乏，在此情况下，原始人类对变化无穷的自然现象以及人类自身的孕、产、病、死等都无从索解而甚感神秘和恐惧，于是便产生了歪曲、虚幻的观念，认为万物有灵，从而强烈地幻觉生育本身也有神灵支配，于是就将性器官看作是生育神灵的形象，用石、陶、木、玉等物模拟生殖器形状作为崇拜物，向其祭祀、膜拜祈求生育旺盛。虽然这些观念和行为在今天看来似乎有点荒诞不经，但其产生和盛行决非偶然，也绝非出自古人类的淫色欲，相反这种现象却恰是缘于原始人类对繁衍人口的实际需求和迫切愿望。

割体葬仪 昙石山人的丧葬习俗

一般来说，人们的丧葬习俗与精神信仰之间有着天然的联系，所以原始人类的精神信仰往往可以从考古发掘出土的墓葬中发现蛛丝马迹。在昙石山遗址发现的人类骨骼遗骸中，经常可以看到局部肢体残缺的现象，很多学者认为这种现象体现的应该是当时较为流行的割肢葬（或割体葬仪）习俗。

割体葬仪

割体葬仪是中国史前时期比较流行的一种葬礼习俗。据考古发现，在中国甘肃永昌的鸳鸯池、青海乐都的柳湾、黑龙江密山的新开流等新石器时代遗址出土的人类骨骼遗骸中，都普遍存在有死者局部肢骨缺失的现象。比如，在有些保存非常完好的儿童骨架中唯独缺失了手指骨和脚趾骨，有些则是将死者身上割下的手指骨、脚趾骨等单独放置在其头骨顶部或随葬的陶罐中，考古学者将这种现象称为“割体葬仪”。

昙石山人葬仪模拟图

昙石山人的割体葬仪

据统计，昙石山遗址在先后10次的考古发掘中一共出土了80余座墓葬，但因年代久远，尸骨保存完整的非常有限，大概占比不足一半。不过，令人惊讶的是，后来考古人员在对这些看似保存非常完好的人体遗骸进行仔细观察和研究时，却发现了一个奇怪的现象：有些墓葬里的尸骨缺失了部分手指骨或脚骨，有的甚至没有了掌骨，而局部肢体残缺是一个较为常见的现象，尤其是在小孩子的墓葬中，这种部分肢骨缺失的现象更为普遍。后来，专家们研究后，认为这可能是当时昙石山先民的一种丧葬习俗，即“割体葬仪”，它是我国史前时期比较流行的一种习俗。

割体葬仪产生的原因

那么，当时的昙石山先民为什么会有这种看似十分残忍的葬俗呢？对于这一问题，目前学术界存在着多种不同的说法，有些学者认为割体葬仪的出现是当时社会上用人作“牺牲”（指祭祀或祭拜用品）的一种变异形式。

具体来说，人类最早是用婴儿作为“牺牲”的，那时候，人们将婴儿奉献给他们所敬畏的神灵，后来又逐渐改为仅仅砍断人的手指或脚趾当作祭品，最后才改为用其他动物来代替人类作为“牺牲”。而今天我们所看到的这些局部肢体残缺的死者，其实就是这种变异“人牲”的直接受害者。

自20世纪初以来，国外就有不少人类学者开始研究古人在其丧葬礼仪中“用人为牲”的特殊习俗。虽然各自的看法不尽相同，但他们都相信史前时期原始人类大都有着超自然力信仰和灵魂不灭的观念。当时，人们就是通过各种形式的献祭活动，在沟通人和神之间、生者与死者之间的关系方面发挥着十分重要的桥梁作用。

不过，也有人认为这种割体葬仪所反映的是当时人们的灵魂信仰观念，即他们希望通过采用这种切割死者尸体的方法不以完尸入葬，从而使死者的“鬼魂”因失去载体而无法回归人世。其实，这类情形在很多民族及民俗学资料中比比皆是。

昙石山人献祭活动模拟图

昙石山遗址墓葬区域俯视图

目前，昙石山遗址保存有1996年第8次考古发掘出土的18座墓葬。经鉴定，男性8座，女性3座，未成年（含儿童）6座，其中1座为夫妻合葬墓。

例如，古时候有些地区的妇女在连生数子均同病夭折后，便认为是“冤鬼捣乱”，必须割其体而葬之，以示其灵魂不能够再次投生。事实上，这种行为体现的只不过是一种萌芽形态的轮回观念，即先民们认为每一个前来投胎的孩子都可能是神灵或妖怪，是本氏族或其他氏族成员的“转生”，因此他们既可能是本氏族的朋友，也可能是敌人。

此外，民族学研究资料还表明，大约在新石器时代早期的母系氏族社会时期，就已经出现了鬼神崇拜（控制），即对本氏族内死于非命者、或犯罪处死者以及外氏族特别是敌对氏族成员亡魂的控制。因为人们相信这些亡魂是祸祟，所以必须加以控制，以示他们不能再去见本氏族的祖先或敌对氏族的人。

成人割体葬仪

据考古发现，在昙石山遗址出土的成人墓葬中，虽然有些缺失了指骨、掌骨或脚骨，但是，他们看上去大都安详而卧，并没有明显挣扎的样子。换句话说，这些人并非因酷刑而死，而是反映了昙石山先民们的一种原始宗教信仰，属于原始社会时期广泛存在的一种丧葬习俗——割体葬仪。其实，这种现象在我国很多新石器时代遗址的墓葬中也都有发现。

昙石山遗址出土成人墓葬中的人体脚骨缺失现象

昙石山遗址出土成人墓葬中的人体脚趾骨缺失现象

那么，5000年前的昙石山人为什么要在埋葬死者的时候有意砍去他们的手骨或脚骨？这种砍手断足的目的究竟何在呢？

有考古学者认为，这可能跟原始先民对于手的重视和迷信有着直接联系。因为手是最重要的劳动器官，恩格斯就曾说过，手不但是劳动的器官，还是劳动的产物。据文献记载，汉代乌浒蛮就有割掌的习俗，如《后汉书·南蛮传》引《南州异物志》说，乌浒“以人掌趾为珍异，以食长老”。

同时，他们相信“万物有灵，鬼魂不死”，死者会在另一个世界继续自己的生活，所以，必须砍去死者的手指或脚趾以祭祀天上的神灵，并禁锢亡者的灵魂，以此达到“慰死佑生”的目的。

昙石山人葬仪想象图

儿童割体葬仪

相对而言，昙石山遗址发现的儿童墓葬中实行割体葬仪较为流行，形式也更为多样。有学者通过对大量的考古学、民族学资料研究后发现，因为当时人们认为夭折的婴儿是鬼投生，所以一定要用割体葬，其目的一是惩罚，使他们的鬼魂不能再投生；二是使鬼破相，必然不会重返母胎。此外，对于畸形胎、男女同胞胎也多行割体葬，所不同的是，夭折者是死后采用割体葬，畸形胎、男女同胞胎则是对活婴行割体。

昙石山遗址出土的儿童墓葬

昙石山遗址出土的儿童墓葬

昙石山遗址作为福建省最重要的新石器时代文化遗址，其特有的文化内涵包括割体葬仪、墓葬随葬品中的“法器”和陶器纹饰中所表现出来的原始蛇图腾等，在某种程度上甚至可以说都反映了史前福建先民原始宗教信仰的基本内涵和特点。

昙石山人的埋葬方式

说完割体葬仪，我们再来看一下昙石山人的埋葬方式。根据考古发现，昙石山人的墓葬多以土坑竖穴墓为主，头向西南，仅有个别墓的埋葬方向与主流方向不同，即头向北或北偏东。

昙石山遗址出土的土坑竖穴墓

土坑竖穴墓

这是我国古代最为常见的一种埋葬方法，最早出现于旧石器时代晚期，流行于新石器时代，战国后期逐渐减少。其方法是，从地面竖直向下挖出葬坑，葬坑多摆放随葬品和其他殉祭物，再用土掩埋。

从葬式上看，昙石山遗址所发现的墓葬大多属于单人仰身直肢葬，仅个别为仰身屈肢或侧身屈肢葬，夫妻合葬墓极为少见。并且，同一时期的墓葬均呈现出“成群成组同向排列”的特征，明显属于血缘氏族公共墓地的形式。

昙石山人的氏族公共墓地

阶级萌芽 昙石山人的社会性质

5000年前，昙石山人过着共同劳动、共同消费的氏族公社生活，具有原始的宗教信仰，社会分工越发明显，逐渐产生了私有观念和贫富分化现象。社会生产的发展、剩余物品的出现是产生私有制的前提。社会分工和商品交换的发展，促进了私有制的形成，昙石山人的社会性质也随之发生改变，慢慢进入了阶级社会萌芽阶段。

社会分工及贫富分化

考古专家通过对昙石山遗址出土人骨遗骸的鉴定，明确为男性墓的有29座，女性为23座。并且，在随葬品数量上，可以明显看出男性普遍多于女性。而在随葬品的种类上，男女也存在明显差别，有的墓中的随葬品多则近30件，有的则1件都没有。

此外，女性墓出现陶纺轮的频率要高于男性，男性墓常见石锛，女性墓则极为罕见，而石镞、骨镞、贝刀、天然石块等，一般也仅见于男性墓，女性墓则基本不见。

于是专家们得出以下两点共识：

当时的昙石山人，男人主要从事工具制造、渔猎等偏重体力的劳动，女人主要从事纺织、炊煮等劳动。

其一，当时的昙石山人在社会生产中已经具有男女有别倾向性的分工，男子主要从事工具制造、渔猎等活动，女子则主要从事纺织、炊煮等活动。

其二，当时的昙石山社会贫富分化状况已初步显现。

阶级社会萌芽

原始社会晚期，随着社会生产力的提高和社会经济的迅速发展，男子逐渐从渔猎活动转入到农牧业生产领域，特别是犁耕垦种，劳动强度很大，一般只有男子才能胜任，从而更加强化了男子在农业生产中的地位。同时，因为制陶等手工业中的工艺要求也变得更加复杂，技术性要求不断增强，劳动强度也更大，而身强力壮又无生育、家务之累的男子，自然也就成了此类劳动的主要承担者。这样，男子慢慢就取代了妇女在生产领域中的主导地位，而妇女则转为主要从事纺织、炊煮和生育儿女等家务劳动，也正是这一变化最终成为导致父系氏族取代母系氏族的社会原因。

从昙石山文化遗址发现的为数不多的夫妻合葬墓可以看出，在葬式上均为男子仰身直肢、女子侧身屈肢，且埋葬时手或被捆绑，上下肢骨可能被折断，呈跪卧状，明显表现出非正常死亡的状态，更是直接说明了女性在那个时代所处的社会地位已经开始从属于男性。

由此可见，昙石山人时代，尤其是其晚期，应该已经属于父系氏族公社的发展阶段，甚至已经进入到阶级社会萌芽阶段。

昙石山人劳动场景复原图

昙石山遗址中的拔牙现象

据专家研究发现，在昙石山遗址发现的墓葬中，目前仅有两例比较确切的拔牙现象，两例拔牙个体年龄均在45岁左右，且均为男性。其中，一例是上颌两个侧门齿生前缺失，齿槽萎缩后凹入较深，被认为是人工拔牙的习俗；另一例，则是下颌骨缺失两颗下中门齿，也应属人工拔牙。

拔牙，说起来简单，拔起来却很难。我想任何有过拔牙经验的人，或是看过别人拔牙的人，一定对那小小的铁锤记忆犹新。事实上，除了一些病患非常严重的牙齿比较好拔以外，要从人口中拔掉那甚至可以拉动汽车的牙齿，可以说是相当不容易的。尤其是在非常落后和缺少任何金属器械的远古时代，更是如此。而且，这种拔牙习俗多是在青春期的15～18岁进行，何况健康年轻人的牙周情况一般都比较好，颌骨骨质比较致密，拔除相对更为不易。所以，这一习俗无形上就给古人提出了一个技术上十分棘手的难题。

昙石山人拔牙方式模拟图

然而，面对这一难题，我们的祖先却充分发挥了创新精神，想出各种各样的办法。除了我们通常想到的在牙齿上拴一根绳子用力猛拉之外，还有用石头、棍棒用力敲打牙齿使它脱落的。不过这种方法若打不掉牙齿，就只能将其折断，在江苏邳州大墩子新石器时代遗址出土的人头骨中就发现了这种断根。

此外，也有人把牙齿拴在弓弦上，然后拉弓来拔牙，或者干脆用刀、斧、锤来猛力敲打，这些都可谓是充分利用了当时极为有限的工具，只是用刀、斧来敲打的那些古人，如果其刀法或者斧法不好，恐怕就要酿成血案了。

第四章

相爱昙石山

昙石山的地缘文化渗透力、影响力，以及昙石山人的族群迁徙所带来的文化传播，在史前文明史上都留下了浓墨重彩的一笔。

闽台情缘 海峡两岸史前文化的交流传播

福建、台湾，一水之隔，地理位置接近，自然生态环境相似，两地密切的人文联系源远流长。在昙石山文化时期，海峡两岸的先民就不断冲破惊涛骇浪的险阻，开始频繁地往来交流，形成了类似的生产形态和生活习俗，共同谱写了中华民族早期文明的重要篇章，并成为后来散布于广阔太平洋群岛上的众多南岛语族人的主要来源。

地缘相近

海峡两岸具有共同的历史文化渊源，台湾的根在大陆。现代地质学家研究表明，台湾岛原是华夏古陆的一部分，在福建南部的东山岛与台湾岛之间曾经有一条“古陆桥”，使两岸连为一体。原始社会时期，大陆尤其是闽南地区的先民们，就是通过此陆桥往返于闽、台两地，相互交流，可以说当时两岸先民的经济和生活联系都十分密切。

后来，由于地壳运动，连通两岸的陆桥逐渐下沉，最终才形成了今天的海峡地貌。

1981 年，在美国召开的全新世海平面变化国际学术研讨会上，福建师范大学林观得教授就将跨越海峡两岸的这道浅滩命名为“东山陆桥”。

台湾海峡，水深只有 50 ～ 100 米。据地质学家研究，在距今约 18000 年前的末次冰期晚期，台湾海峡附近的海平面要比现在低 100 多米，所以，现在平均水深不到 100 米的台湾海峡当时就完全露出于水面，成为连接台湾与大陆的生物走廊，即所谓的“东山陆桥”。

闽台史前文化交流

福建沿海地区的新石器时代文化与内陆地区的很多新石器时代文化间的密切交流自不待言，同时与海峡对岸我国台湾地区同时期文化遗存间的交流也是非常密切的，而且这种密切的文化交流关系几乎贯穿于整个新石器时代。

比如，在福建地区很多新石器时代文化遗址中普遍存在的贝印纹、凹石器、彩陶等，在台湾新石器时代的大坌坑文化、凤鼻头文化中也都有类似的发现。因此，海峡两岸新石器时代物质文化的这些相似性和共同性表明，海峡

贝印纹

贝印纹就是利用各种贝壳的背部直接在陶器表面上压印出纹饰，这样可以清晰地看出贝壳的形状和花纹，是新石器时代沿海地区特有的陶器纹饰种类。

两岸自古就是同根同源、一脉相承的。

福建地区的新石器时代文化，比如壳丘头文化、昙石山文化等与台湾同时期的史前文化在内涵上有着许多共性，关系非常密切，也是史前时期闽台两岸海洋文化的重要源头。所以，壳丘头文化、昙石山文化等对研究海峡两岸古文化之间的交流和融合非常重要。

壳丘头文化与大坌坑文化

台湾新石器时代的大坌坑文化，因首先发现于台北市八里乡的大坌坑遗址而得名，考古学家研究结果表明，这个文化的主人是来自大陆东南沿海的新石器时代移民，距今6500 ~ 5000 年。

当时，大坌坑先民主要居住于海边的台地或山坡上，从事渔猎、采集为主的生产活动，其石器为打制与磨制并存，陶器以粗绳纹夹砂陶为主要特征（故也称绳纹陶文化），这与福建沿海的壳丘头文化以及昙石山遗址一期文化基本相同。

昙石山遗址第一期文化层出土的粗绳纹夹砂陶片

台湾大坌坑遗址

昙石山文化与凤鼻头文化

台湾新石器时代的凤鼻头文化，因首先发现于高雄市林园乡的凤鼻头遗址而得名，该文化集中分布于台湾中南部西海岸及澎湖列岛，距今 5000 ～ 3500 年。

在台湾地区发现的同属凤鼻头文化的主要遗址还有中部地区的台中市清水牛骂头遗址、大肚乡营埔遗址，南投县八卦山遗址、乌溪河遗址。南部地区的台南市永宁乡牛稠子遗址、高雄市凤鼻头遗址及大湖遗址、屏东县恒春镇垦丁遗址及鹅銮鼻遗址等。

凤鼻头文化先民经济生活的明显特征是农耕和定居聚落，使用的石器类型主要有斧、锛、锄等，陶器主要是红陶、灰陶、黑陶、彩陶等。这与福建昙石山遗址一期文化中的红陶，二期文化（昙石山文化）的灰陶、黑陶，三期文化（黄瓜山文化）中普遍流行的彩陶工艺水平都非常接近。

壳丘头文化红陶片

黄瓜山文化彩陶片

陶壶上的曲折纹（局部）

昙石山遗址博物馆收藏的曲折纹彩陶壶

陶壶上的彩绘（局部）

从闽台两地出土的彩陶特征看，两地彩陶都以红彩为主要特征，并且都是以直线、折线、卵点等几种简单的基本线型组成彩陶纹饰。虽然昙石山文化与凤鼻头文化的彩陶各自有源，在发展过程中彼此交流、相互影响，但从整个发展进程看，凤鼻头文化的彩陶发展相对昙石山文化更晚，这无疑体现出其受到大陆东南沿海几何纹彩陶文化的强烈影响。

考古研究发现，凤鼻头文化可分早、晚两期，早期为红陶文化类型，以细绳纹、条纹红陶为特征。晚期则为灰、黑陶文化类型，以绳纹、条纹和刻划纹的灰陶及红陶为特征；在陶器制作方法上，采用泥条盘筑法，然后用手或陶拍抹平，除素面磨光外，陶器表面施加的纹饰主要有绳纹、刻划纹、附加堆纹、圆圈纹、镂孔和彩绘等，主要器形有罐、壶、碗、盆、豆、鼎等。这些都与福建昙石山遗址出土的陶器类型和特征几乎完全一致，如出一辙。

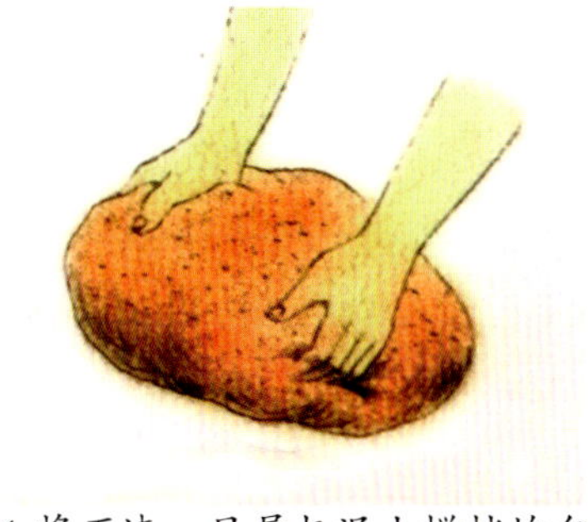
1.将石渣、贝屑与泥土搅拌均匀

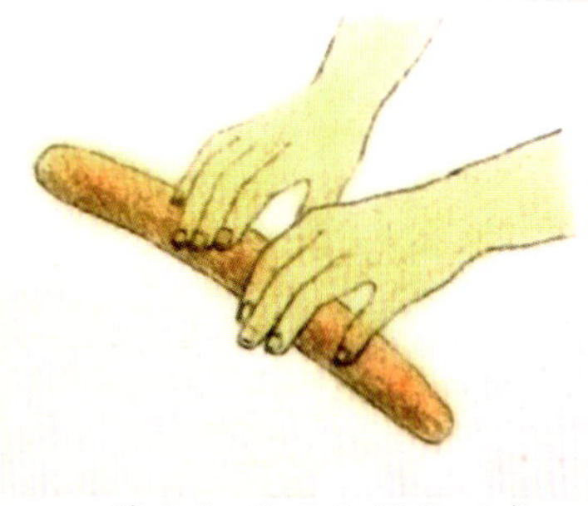
2.将和好的泥土搓成泥条

3.将泥条盘绕筑成陶身

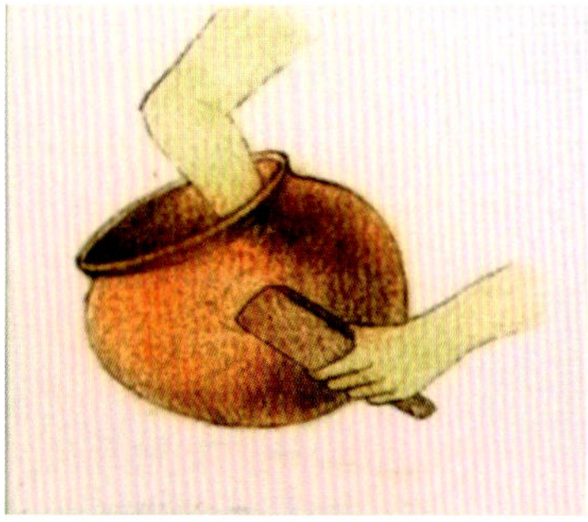
4.用拍板拍塑、修整器形、抹平缝隙

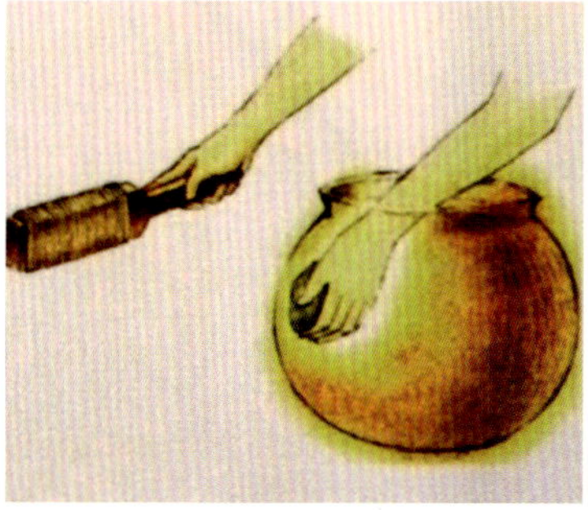
5.拍印绳纹

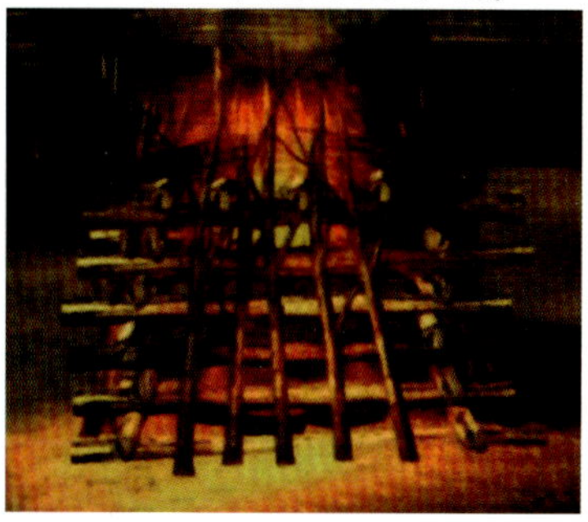
6.烧制陶器（堆烧法）

泥条盘筑法步骤图

同时，昙石山文化和凤鼻头文化都发现有很多含有彩陶器的遗址，并且这些遗址基本上都分布于海峡两岸的沿海地区。

比如昙石山文化的闽侯昙石山、溪头、庄边山等遗址都位于闽江下游入海口区域。而台湾凤鼻头文化发现的彩陶遗存分布情况与昙石山文化大致类似，同样都分布在台湾西海岸一带。

总之，福建昙石山文化与台湾凤鼻头文化之间，存在着诸如有段石锛以及彩陶等很多共同的文化特征，可以说它们发展的主流方向是基本相同的。

考古专家们据此推测，台湾凤鼻头文化可能是由大坌坑文化原型进一步发展而来，除具有自身特点外，还有许多文化因素很可能源于福建和大陆沿海地区，其中受福建昙石山文化的影响尤为明显。

昙石山文化与圆山文化

台湾新石器时代的圆山文化，以台北市中山区的圆山贝丘遗址为代表，主要分布于台湾东北部海岸及台中盆地，距今4500～2500年。考古研究表明，圆山文化先民主要居住在山丘或山麓上，从事渔猎和农耕生产，使用的陶器以红褐陶为主，石器以有段石锛、有肩石斧为主要特色，这也与福建地区的昙石山文化、黄瓜山文化存在一定联系。

> 圆山遗址分上、下两层，其中，下层属于大岔坑文化，上层文化内涵特征非常明显，被称为圆山文化。圆山文化除包括圆山遗址上层以外，还包括大岔坑遗址的上层、台北盆地南缘土城乡的土地公山遗址，另外还有芝山岩、大直、尖山等数10处遗址。它以台北盆地为中心，广布台湾北部。

从考古类型学上看，昙石山文化和圆山文化的生产工具，石器都以斧、锛、凿、镞为主，其中尤以有段石锛最具特征，而有段石锛最早发源于我国大陆东南沿海的浙江地区。据考古发现，在距今六七千年前的浙江河姆渡文化遗址中就已经出土了有段石锛，后逐渐向周边地区扩散。而考古学家们研究后发现，同为新石器时代海洋性文化的福建昙石山文化受河姆渡文化影响明显，两者在很多方面都存在共性，有段石锛就是其中之一。从外形上看，圆山文化有段石锛和昙石山文化有段石锛非常相像，而昙石山文化的起始时间明显早于圆山

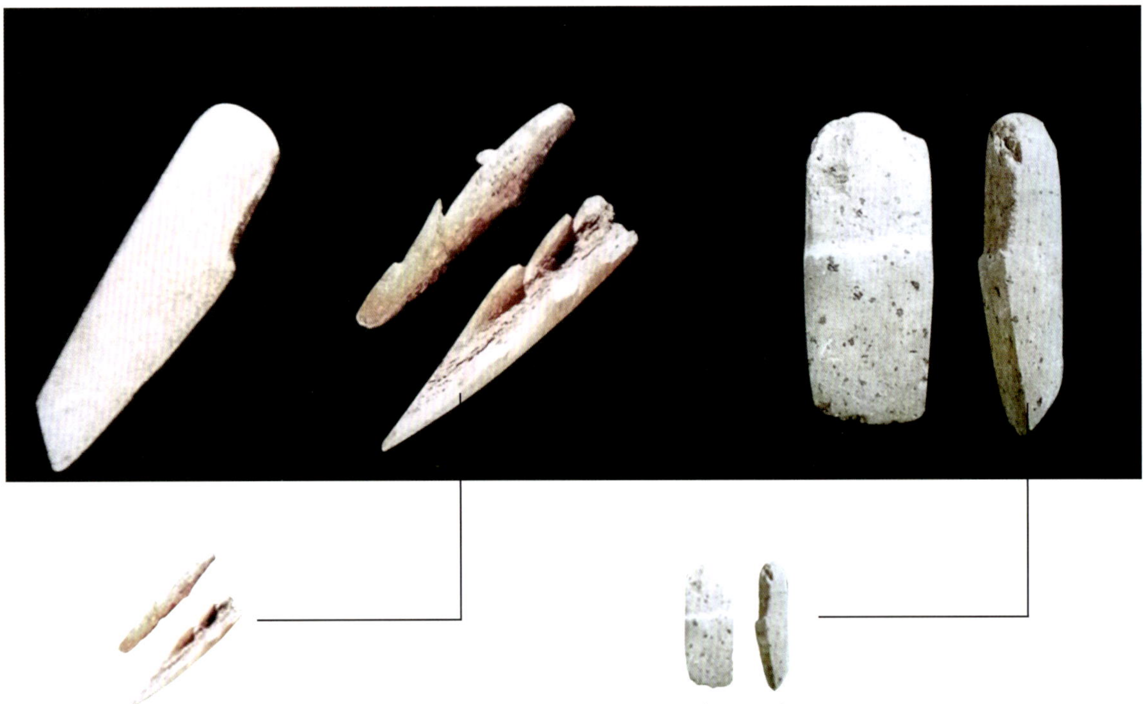

台湾圆山遗址出土的骨器和有段石锛

文化，并且两者空间距离接近，仅隔海峡相望。据此推测，浙江河姆渡文化中的有段石锛首先是传入到了福建昙石山文化，而台湾圆山文化中的有段石锛很可能是经昙石山文化传入的。

昙石山遗址出土的卵点纹彩陶罐

从出土陶器上看，昙石山文化和圆山文化的陶器，都以夹砂灰陶和细泥灰陶为主，并出现了少量灰褐硬陶，陶器制法通常为手制。陶器表面装饰都有印纹、锥刺纹、戳点纹，有带状红色涂彩，其中，两者的卵点纹极为一致，而且彩绘位置同样都是在器物的腹部。而且，圆山文化的主要陶器器型有罐、碗、壶、钵等，这也是昙石山文化中的常见器型。此外，两种文化都盛行圜底器和圈足器。

从葬俗上看，昙石山文化和圆山文化都发现死者的牙齿有早脱落现象，齿槽萎缩后凹入较深，这可能是属于拔牙习俗在墓葬上的反映。这种拔牙习俗在我国东南沿海地区新石器时代遗址中较为常见，由此推测圆山文化中的拔牙习俗也可能是由昙石山文化传入的。

从以上现象可以看出，昙石山文化与台湾圆山文化在文化内涵上有许多共性，关系十分密切。当它们处在同一时间段的时候，彼此间必然产生过交流、传播。远古时代，台湾和祖国大陆本来就是连在一起的，只是后来因地壳运动，相连结的部分陆地才沉为海峡，台湾遂成海岛。

台湾圆山遗址

远渡重洋 昙石山人的族群迁徙

5000 年前，南岛语族先民从中国东南沿海出发，凭借超高的航海技术，用独木舟跨洋出海，在经过无数次的探索与挑战后，最终成功进驻到世界上最大洋面——太平洋的诸多岛屿。5000 年后的今天，南岛语族后人效仿先民，驾乘独木舟，沿着先民当年迁徙至太平洋的路线，反向航行，在花费了 116 天后，再次回到了“南岛语族最早发源地”——福建，完成了一次难忘的寻根之旅。

寻根之路

众所周知，中国是个伟大而古老的国度，有着上下五千年的文明史，中华儿女都是炎黄子孙，每年都有很多海外华人华侨回到祖国寻根祭祖，通过各种方式缅怀祖先。可是，您知道吗？其实在这个世界上，还有别的一些国家和民族，他们的根可能也在我们中国。这不，2010 年初冬，福建省昙石山遗址博物馆就迎来了一批来福建寻根问祖的法属波利尼西亚的客人，而且他们的寻根方式还十分特别。

据悉，这次由法属波利尼西亚独木舟协会发起和组织的“寻根”活动，有 6 名波利尼西亚人组成。他们驾驶一艘长 15 米、宽 7 米、重约 1.5 吨，且没有配备任何人工动力、导航设备甚至现代食品的仿古独木舟，按照古老的传统方法，借助星象、季风和洋流，从南太平洋上的法属波利尼西亚的大溪地出发，途经 10 余个国家和地区，历时近 4 个月，经过 1.6 万海里的艰难航行才最终到达中国，来到福建开展寻根活动。

那么，作为两个相距遥远，有着不同肤色和宗教信仰的国家和民族，他们为何要来中国、把福建作为其“寻根”之地呢？两者间到底有着怎样的关系和渊源，又为何要以这种方式远渡重洋、不畏艰险来“寻根”呢？这还要从一个长期以来备受中外学者，尤其是太平洋地区人类学家、考古学家、民族学家等普遍关注的特殊群体——“南岛语族”说起。

南岛语族

“南岛语族”即“马来—波利尼西亚语系民族”，是指现今广泛分布于亚洲东南至太平洋群岛等海洋地带、民族语言亲缘和文化内涵相似的土著族群，其语系是目前世界上分布区域最广，也是唯一主要分布在海岛上的一种语系。根据世界语言资料库统计，该语系包括 1262 种语言之多，使用人口约 2.7 亿。所谓的“南岛”(Austronesia)，是由两个希腊文字的字根 austro-与 -nesia 组合而成，前者为南方之意，后者意指群岛。

使用南岛语系的区域包括台湾、菲律宾、婆罗洲、印度尼西亚、马达加斯加、新几内亚、新西兰、夏威夷、密克罗尼西亚、美拉尼西亚、波利尼西亚等。此外，马来半岛上的马来语、中南半岛上越南与高棉的查姆语（占婆语）和泰国的莫肯语（Moken/Moklen），也属于南岛语系一脉。从经度的跨度看，南岛语系西至马达加斯加，东至复活节岛，占地球的热带和亚热带地区面积的三分之二。而从纬度的跨度上，南岛语系南北纵跨 70 度，从北纬 25 度的台湾，一直分布到南纬 48 度的新西兰南端。

从南岛语的使用和分布情况来看，这显然是一个海洋族群，他们有着共同的海洋文化。但是，作为这样一个庞大且分散的海洋族群，他们究竟从哪里来，根在何处？又是通过何种方式和途径不断地征服浩瀚的大海，于众多海岛之上繁衍生息、依海为生、逐海迁徙的呢……南岛语族又和昙石山有何关系呢？

起源之谜

19 世纪末以来，中外学者就开始了对南岛语族起源的相关研究，提出了各种不同的观点和看法。有的研究者认为他们来自南美洲，有的则认为他们应该源自于亚洲。二战时期，国际学术界认为源头是在菲律宾，但是一直未有定论。

为了破解南岛语族起源之谜，从 2001 年起，就“航海术・新石器时代台湾海峡的交流与南岛语族起源”这一课题，由福建博物院和美国夏威夷大学等有关专家和学者组成联合调查组，开始了在福建沿海地区一系列的考古调查、发掘和研究工作。随着调查和研究的不断深入，越来越多的迹象表明，以福建沿海为中心的中国东南沿海一带才是南岛语族的最早源头。

比如近年来，考古学家们研究后发现，闽方言（包括闽南语、福州话等）和南岛语系具有很多相关性，有些词语的发音和意思几乎完全相同。南岛语族人和考古专家复原后的昙石山先民在外形上也非常相似；遗传学家通过基因研究结果显示中国大陆沿海地区（包括福建）更是南岛语族的基因发源地。

出土文物

随着现代考古学的产生和发展，很多消逝的远古历史又被重新发掘出来，为我们再次还原历史提供了实物证据和参考。近年来，福建沿海地区，诸如平潭壳丘头、闽侯昙石山、

昙石山遗址出土的圜底陶钵

圜底陶钵底部

晋江庵山、东山大帽山和太阳纹岩画等一批重要史前遗址被发现。从这些遗址出土的很多文物，无论是从器物本身、生产工艺，还是从制作方法上看，都和南岛语族地区很多遗址出土的同类文物非常相像。

这些圜底、圈足器是昙石山遗址出土最多的一种陶器，也是我国东南沿海地区很多新石器时代遗址中最为流行的一种陶器。与此同时，在东南亚和大洋洲的史前、古代文化中，比如菲律宾、印度尼西亚等国家和地区出土的史前陶器也是以这种圜底器为主，部分为圈足器，如罐、釜、钵等。

昙石山遗址出土的绳纹圈足陶壶

陶壶底部

其中，最具代表性的就是有段石锛。据考古发现，这种石器广泛出土于南岛语族地区的史前遗址中，且器形大都类同。由此，国际考古学界便将其作为判定南岛语族遗址性质和年代的重要依据和标尺。今天，在南太平洋部分岛屿上，当地土著仍在使用有段石锛之类的生产工具。

在石锛上端磨去一块，磨去一块即叫“有段”，故这种石锛被称为“有段石锛”。

台湾大坌坑遗址出土的有段石锛

昙石山遗址出土的石锛

菲律宾出土的史前石器

这些菲律宾吕宋岛（南岛语族分布地之一）发现的史前磨制石器与中国东南沿海很多新石器时代遗址中发现的非常相似，尤其是有段石锛、有肩石斧及凹石等与福建地区很多史前遗址，包括昙石山遗址出土的几乎完全一样。

出行方式

石锛，一般被国际考古学界公认为是木工加工工具，可以用来加工制作舟楫之类的交通工具，从而为出海远航提供必备条件。这就牵涉到制造舟楫的共通性与相似性，而制造舟楫则意味着南岛语族的扩散问题。

美国夏威夷大学著名人类学教授白瑞·罗莱（Barry Rolett）更是明确指出，“太平洋岛屿上的原住民从人种、语言发音到使用的石器都与闽南地区相似，很可能是当时生活在沿海的福建原住民在那里的后裔”。

澳大利亚考古学家贝尔伍德更是设想，南岛语族由台湾分几个阶段向东、南、西扩散。他们的足迹首先来到了菲律宾北部，让他们的文明在这块土地上生存发展。随后，他们踏上了现在的马来西亚、印度尼西亚等地，并且适应了采集、狩猎的生存方式。随着航海术不断改进，这些南岛语族的先民不断发现新的岛屿。他们后来又继续向西到达马达加斯加岛，向东扩至美拉尼西亚、密克罗尼西亚和波利尼西亚。

昙石山人使用独木舟模拟图

这是一艘将整根树木挖空成槽、变成能够乘人载物的独木舟。半个多世纪以来，在我国先后发现了多处重要的古代独木舟遗存，且主要集中在东南沿海地区，是探寻史前人类航海舟船的重要资料。

在一步步的扩散过程中，他们不断地融合，甚至取代了当地的居民。

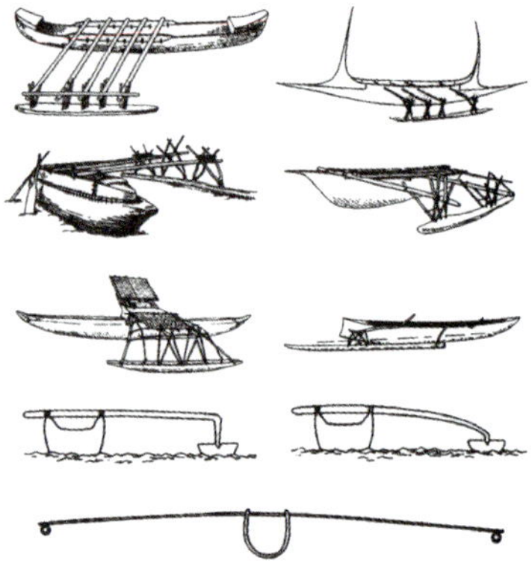

太平洋地区南岛语族边架艇独木舟的连接方式

南岛语族人使用的独木舟

如果在独木舟的一侧或两侧，再加装上舟形浮材，就变成了单边架艇独木舟或双边架艇独木舟。千百年来，这种边架艇独木舟是广阔太平洋上很多民族的主要航海工具。其中，单边架艇独木舟广泛发现于波利尼西亚、密克罗尼西亚、新几内亚、印度尼西亚和印度洋上的安达曼、尼科巴、尼亚斯、马尔代夫以及东非的马达加斯加、科摩罗群岛等南岛语族国家和地区的一些岛屿上。可以说，这种边架艇独木舟特殊的双连体结构既克服了单体独木舟在风浪中容易横向摇曳、甚至翻覆的不稳定性，又具有独木舟轻便、整体性构造的优点。它是在各种单体独木舟的基础上改造升级而来的，与中国史前时期出土的很多单体独木舟有着千丝万缕的联系。

这次特殊的“寻根之旅”，正是模仿和沿着南岛语族先民，当年从中国东南沿海，迁徙至太平洋诸岛屿的方式和路线，反向航行，回到起源地福建来“寻根”并开展文化交流的。独木舟的成功漂徙，也进一步证明了通过独木舟这一海上交通工具，他们（南岛语族先民）完全可以具备从福建沿海迁徙到南太平洋各岛的必要条件，再次印证了以福建沿海为中心的中国东南沿海一带才是南岛语族的最早发源地和根之所在。

同时，这次独木舟的成功漂移，也推翻了台湾少数人所宣扬的台湾原住民与大陆文化无关的“南来论”，表明台湾原住民和南岛语族主体文化的起源地在华南。说明了海峡两岸文化自古有着同根同源、一脉相承的深厚渊源，有利于增强广大台湾同胞对中华文化的认同感和自豪感。正如法属波利尼西亚独木舟协会会长凯达布所说，“虽然我们的宗教信仰来自欧洲，但从人类学来讲，我们的根在中国；这是一次回顾历史的历程。”

第五章

相守昙石山

昙石山遗址博物馆依托史前遗址，已经建设成为融博物馆、考古发掘现场和遗址公园为一体的遗址展示园区。同时，充分发挥其邻近省会城市福州的区位优势和昙石山遗址的历史、科学、旅游三大价值，成为福建省精神文明、物质文明和爱国主义教育基地建设的重要窗口和文化旅游的优秀品牌。

顺势而生 昙石山遗址博物馆的建设历程

遗址博物馆的存在和发展为我们了解历史文化提供了最直观、最形象的教材，是当前最具吸引力和数量增加最快的博物馆类别之一。

昙石山遗址博物馆是福建省首个依托史前考古遗址建立的专题性博物馆，自1998年成立以来，已走过20年不平凡的历程。

遗址博物馆

目前，学术界对遗址博物馆的定义尚存争议，但在实际研究中，很多学者都普遍认同秦始皇兵马俑博物馆原馆长吴永琪先生的观点：遗址博物馆是在古文化遗址上建立的针对该遗址文化进行发掘、保护、研究、陈列的专门性博物馆。

昙石山遗址是迄今福建省首个经过多次正式考古发掘、积累资料最为丰富、开展研究最多、得到国内外公认的考古学文化研究基地；以其为代表的“昙石山文化”是我国东南沿海地区最早被认定、最具代表性的新石器时代晚期原始文化之一，也是新中国成立后福建省首个被确定的考古学文化，在群星璀璨的中国新石器时代考古学文化中占有重要一席，并被载入历史教科书，影响广泛而深远。

旧馆概况

1998年4月，在福建省委、省政府的直接关心和支持下，福建省委编制办正式批文同意在昙石山遗址1996年第8次考古发掘现场基础上成立福建省昙石山遗址博物馆，隶属于福建省文化厅。经过3年多的紧张筹备，2001年6月24日，福建省昙石山遗址博物馆正式建成开馆。同年，昙石山遗址被国务院公布为第五批全国重点文物保护单位。

2001年落成的昙石山遗址博物馆规模很小，占地面积不足1公顷，建筑面积约4000平方米，而展厅面积更是只有800平方米。开馆后，多位中央和省市领导莅临博物馆视察和指导工作。

2001年落成的昙石山遗址博物馆

2001年落成的昙石山遗址博物馆考古遗址厅

新馆建设

随着昙石山遗址博物馆对外影响力的日益扩大，游客数量不断增加，使得原有的遗址保护条件、博物馆各种基础设施以及周边的环境状况等越来越跟不上时代发展，不能满足日益增长的社会需求。

2003年12月，福建省委组织召开专题会议，着手对昙石山遗址保护和博物馆改扩建项目进行可行性论证。

2004年，“昙石山遗址保护和博物馆建设”作为福建省重点建设项目正式被批准立项。随后，福建省委、省政府又成立了“福建省昙石山遗址保护和博物馆建设项目”指导小组，福建省文化厅也组建了“项目筹建办”负责项目的具体实施。

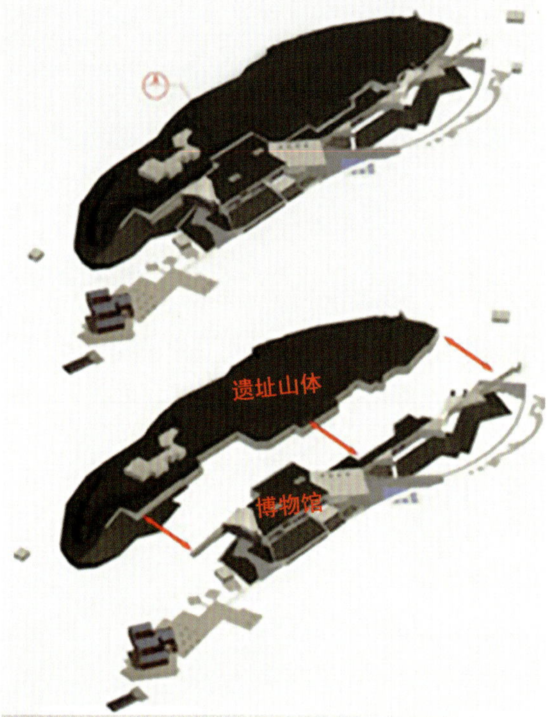

新馆建设理念

为力求真实、全面地保存并延续遗址及其赋存环境的历史信息与全部价值，昙石山遗址博物馆在具体设计和建设过程中，整体以“补山”为构思理念，将博物馆建成东西走向长条形，对大多建筑外露屋面和墙体则覆以绿色植被，从而与遗址保护区形成互补态势，以此恢复和修补遗址南部原来已被破坏掉的山体形状。博物馆整体形状看上去多呈现简约的折板状，而建筑外墙则主要以斩假石装饰，朴实无华而墙面颜色又与遗址出土的石锛、石斧等代表性石器相仿，寓遗址代表文化元素于“大象无形”的博物馆实体建筑之中。

改扩建前的昙石山遗址

在昙石山遗址博物馆新馆的规划建设过程中，将博物馆主体建筑选址于遗址的一般保护区内，通过沿绝对保护区控制线与遗址山体形成对接，建筑顶部屋面则通过覆土与遗址山体自然相连，从而最大程度降低对遗址及其周围环境的干预破坏。

改扩建后的昙石山遗址

2008 年 6 月 14 日，也就是我国第三个“文化遗产日”当日，昙石山遗址博物馆新馆主体部分终于落成并正式免费对外开放。

文化遗产日

为提高人民群众对文化遗产保护重要性的认识，增强公众文化遗产保护意识，营造保护文化遗产的良好氛围，动员全社会共同参与、关注和保护文化遗产，国务院决定从 2006 年起，每年 6 月的第二个星期六为中国的“文化遗产日”，这是我国文化建设的重要主题之一，充分体现了党和国家对保护文化遗产的高度重视和战略远见 。

新落成的昙石山遗址博物馆占地 7.2 公顷，比原来的旧馆扩大了十倍多，总建筑面积 7060 平方米，几乎是旧馆的两倍。新馆主要由文物基本陈列展厅、考古遗址厅、临时展厅以及文物库房、多功能报告厅、办公区、综合服务楼等几部分组成。

2009 年底，考古遗址厅的改扩建工程也顺利完工，并于 2010 年春节期间正式对外开放。

昙石山遗址博物馆新馆景观雕塑

2008年落成的昙石山遗址博物馆新馆

2009 年底新落成的昙石山遗址博物馆考古遗址厅

昙石山遗址园区内景

昙石山遗址博物馆新馆落成后，不仅在园区环境、陈展形式上有了质的飞跃，在队伍建设、制度建设、精神文明建设上也取得了巨大进步。

近年来，昙石山遗址博物馆新馆秉持“以人为本”的理念，积极改善服务条件，完善服务设施，先后被授予“福州市青年文明号”“福建省直机关巾帼文明示范岗”“福建省级工人先锋号”“福建省级文明单位”等，得到广大游客好评和认可。

20 年光阴弹指而过，如今的昙石山遗址博物馆已建设成为一个融博物馆、考古发掘现场和遗址公园为一体的遗址展示园区，充分发挥其邻近省会福州的区位优势和昙石山遗址的历史、科学、旅游三大价值，成为福建省精神文明、物质文明和爱国主义教育基地建设的重要窗口和文化旅游的优秀品牌。

用心呵护 昙石山遗址的保护和展示

如今，距离1996年昙石山遗址第8次考古发掘已经过去了20多年，当时发掘出土的一些墓葬、陶窑、灰坑、壕沟等重要遗迹和遗物，经过长时间的露天展示，很多都出现了这样或那样的问题，各种病变相继滋生，给遗址造成了严重威胁。近些年，福建省昙石山遗址博物馆联合国内一些相关单位和企业对遗址进行了多次保护修复，在科学保护的基础上通过多种方式进行合理化展示，成效明显。

昙石山遗址的保护历程

遗址本体病害

昙石山遗址地处东南沿海地区，常年温暖多雨，属于典型的潮湿环境下的土遗址。这种遗址的病害问题长期以来都是国内外文物保护界的难题，迄今还没有找到很好的处理办法。但是，遗址博物馆建设的初衷就是要保护遗址本身，所以尽管困难重重也要迎难而上，因为这是文物工作者的任务和职责所在。

但是，与国外相比，我国的土遗址保护工作起步较晚，到20世纪80年代末，才开始

土遗址的概念

土遗址是指以土作为主要建筑材料的人类历史上因生产、生活等各种活动遗留下来的遗迹，是一种重要的文物资源。我国常见的土遗址种类较多，有墓坑、城址、夯土城墙、建筑遗址、窑址等，面积从单个几平方米的发掘墓坑到数十万平方米的大型城址等。

从文物保护的角度来看，土遗址通常分为两种：一种是露天性土遗址，最为常见的是至今仍保存在地面上的城墙和建筑遗址，如河南的郑韩故城，新疆的交河故城、高昌故城等；另一种则是由人工从地下发掘出来的土遗址，如常见的车马坑、古墓葬、古窑址等。

在少数几个地方进行这方面的保护研究和相关试验。虽然在广大文物保护工作者的不懈努力下，到21世纪初，我国的土遗址保护方面的工作取得了很大进展，有些方面甚至已经达到较高水平。比如，我国对于旱环境下的土遗址加固保护所使用的高模数硅酸钾溶液（简称PS）材料的研究，在国际上已经处于领先地位，并且在我国西北地区的很多土建筑遗址中已得到广泛推广和使用，成效非常显著。但是，因为土遗址面临的病害问题除了与其本身构成土质的性质有关以外，往往还与其所处地理位置、气候环境等外部因素密切相关。长期以来，对于潮湿环境下的土遗址保护问题一直都是困扰我国文物保护和考古界的难点，尽管很多专家对此都有一定的研究，却始终都没有找到很好的解决方法。

昙石山遗址墓葬发掘现场

相对于古建筑、各种器物等具体文物的保护，土遗址的保护起步较晚，国际上真正意义上的土遗址保护始于20世纪60年代。同时，土遗址保护作为文物保护的一个重要分支，由于受环境和社会影响非常大，对其保护涉及多学科的交叉，因此一直都是一个世界性难题，虽然很多国家都进行了大量研究，但至今尚未形成完整的科学体系。

很显然，相对于干燥土遗址的保护，潮湿环境下的土遗址保护难度更大，一些在干燥土遗址上可用的保护材料，用到潮湿土遗址时就比较困难，甚至完全没有效果。比如，PS材料用在潮湿土遗址的加固保护中，就很容易出现遗址泛白现象。而从目前国内几个重要的潮湿环境下的土遗址，如四川金沙遗址、湖南里耶遗址和城头山遗址的保护状况看，它们的病害情况都比较复杂。其中，最主要的就是潮湿环境下的土遗址容易产生软化坍塌、风化霉变等问题，而在干燥状态下又容易出现收缩开裂，严重影响了相关保护工作的持续开展。

近年来，昙石山遗址也先后出现了很多病害，其中主要有土体开裂，表面风化、脱落，多种霉菌、地衣、苔藓等微生物滋生，局部垮塌等。这些病害可以说对遗址的长期保存构

侧壁开裂

表面渗水

近年来，昙石山遗址展示区的很多墓葬和壕沟侧壁、斜坡等都出现了较为严重的开裂、坍塌问题，主要原因就是侧壁较高，发生拉力破坏，若不及时处理，甚至会产生块体滑落等问题。同时，遗址壕沟里面局部还出现了不同程度的渗水现象。

青苔滋生

成了严重威胁，尤其是遗址的局部开裂和垮塌问题，将直接导致历史信息的破坏和丢失，影响遗址的观瞻效果，降低遗址展示应有的社会价值。与此同时，遗址区局部地势低洼处还伴有间歇性渗水现象。

众所周知，水对遗址、尤其是土遗址的破坏作用是非常致命的，而水也是其他一切破坏因素的媒介。一方面，土体内部的水分会直接降低土体强度；另一方面，水以及水蒸气凝露在土体内，在毛细压力下不断移动，土颗粒遇水膨胀、脱水收缩，如此循环反复都能够诱发土体的结构性破坏。最后，水的毛细压力也使土里的盐分不断向遗址表面迁移，随着这种盐分的不断集结，就会导致溶解膨胀—结晶收缩—再溶胀—再结晶，长此下去就会导致盐分在土体表面凝聚泛碱，从而产生风化、脱落，最终使遗址边坡强度降低，造成遗址破坏、裂开甚至坍塌。

昙石山遗址展示区内还出现了大面积的青苔滋生和土体龟裂现象。因为土遗址本身由于应力作用会产生荷载裂隙，这些荷载裂隙与原有构造裂隙相互交叉，就会把遗址土体切割成许多大小不等的破碎块。若不及时做加固保护，这些破碎的土块在地震、风蚀、雨蚀等外部因素作用下，就会产生严重的开裂和垮塌。

昙石山遗址出土的骨质文物展示现场

骨质文物病害

目前，昙石山遗址尚保存有 1996 年第 8 次考古发掘出土的 18 座墓葬，其中近 10 座墓葬中的人骨遗骸保存较好，这在气候潮湿、土壤偏酸性的我国南方地区实属少见。然而，这些人骨遗骸出土至今已经过去了 20 多年，期间虽经历过多次保护处理，但一直都是就地原貌展示，如此长时间地暴露在空气中，加上当地气候潮湿，土壤偏酸性，各种霉菌滋生，致使一些骨骼密度不断降低，质地已大不如前。

经过长时间的露天展示，近年来，昙石山遗址发掘出土的很多人体及动物骨骼（骨质）文物风化现象非常严重，有些骨骼仅剩下外表皮，有些虽然尚保持有完整的外形，但已经濒临泥化状态。可以说，这些病害的存在对骨质文物的长期保存造成了很大威胁，一旦蔓延，后果将无法挽回。

保护试验和研究

2007 年以来，为落实《福建省闽侯县昙石山遗址保护规划》中关于遗址本体及骨质文物保护的专项内容，使昙石山遗址的文物保护与利用进入有序化发展，福建省昙石山遗址博物馆特委托广州市白云文物保护工程有限公司对遗址本体进行了保护专项勘察和具体方案设计工作，主要包括遗址边坡加固保护、遗址本体修复保护、遗址本体加固保护、遗址内骨质文物保护、遗址微生物治理、制定长期养护及环境监控方案等。

后来，由中国文化遗产研究院、广州市白云文物保护工程有限公司和福建省昙石山遗址博物馆联合对昙石山遗址进行了多次加固保护和防霉杀菌等前期试验和研究工作。在此基础上，2012 年 10 月，昙石山遗址本体保护项目工程正式启动。

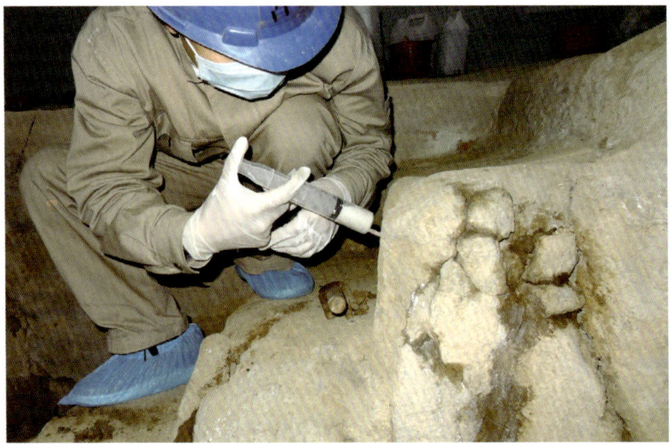
昙石山遗址本体加固保护

2014年6月，昙石山遗址本体保护工作全面完成。2015年8月，昙石山遗址本体保护项目工程顺利通过验收。昙石山遗址本体保护修复工作的完成，可以说为遗址的对外开放展示创造了必要条件，从目前情况看，保护效果相对较好。

出土人骨的古DNA研究

实际上，在昙石山遗址发现后的很长一段时间，甚至到了今天，考古学者依然大多将精力集中在遗址的发掘过程和出土文物的相关研究上，而忽视了其他种类遗存，尤其是这些人骨遗骸的研究价值。虽然也有个别学者曾对昙石山遗址出土人骨进行过一些研究，但基本上都是从体质人类学的角度，通过简单的观察测量来进行的性别以及种族鉴定。由于每具骨骼遗骸的保存状况不同，至于那些关键部位已缺失的人骨则只能给出倾向性的意见。所以，总体而言，目前针对昙石山遗址墓葬中出土人骨遗骸的研究还十分有限，相关资料也非常匮乏，亟待进行深入的专门探讨和研究。

对福建昙石山遗址出土的新石器时代先民的骨骼遗骸进行古DNA检测分析，不仅可以从分子遗传学的角度为了解我国先秦"闽族"的渊源和流向，弄清昙石山先民的族渊、历史变迁以及古代与现代居民在时空架构上的群体继承关系等重要问题提供充分的数据信息证据。同时，对探索中国人群在世界和亚洲人群中的地位，特别是中国古今人群作为东亚地区的主要人类群体资源，对了解东亚及东南亚古今人群的基因遗传信息，以及福建先民与周边地区"南岛语族"人群的历史渊源关系和种族特性研究，都具有十分重要的价值和意义。

中国的古DNA研究现状

我国南方地区是古代人群最早迁入的地方，也是中华文明的重要发源地之一，但由于该地区气候温暖潮湿，土壤多呈偏酸性，不利于骨骼文物的保存。所以，长期以来，相对于北方地区来说，我国长江以南的大部分地区出土的古代、尤其是史前人类骨骼遗骸非常少见，因此，对古DNA的研究也大都集中在北方地区。显然，南方地区出土的古人类骨骼样品由于数量稀少且受保存环境等因素的影响和制约，对其进行古DNA研究相对北方而言要困难得多，成功率也更低，这就造成南方地区的古DNA研究相对北方而言明显滞后。

经过数千年的历史变迁，昙石山先民的后代有的在流动迁徙中离去了，有的在与其他民族的交往中被融合了，有的相互融合发展成了新的民族，有的则是在不断融合其他民族

昙石山遗址出土的人骨遗骸

成分的过程中发展壮大、延续至今。因此，今天生活在我国东南沿海地区的各个民族，其实与历史上的昙石山先民在文化习俗、经济生活、体质形态及人种类型等方面或许并不完全相同。

通过对昙石山遗址出土的人类遗骸进行古 DNA 检测分析，一方面，可以了解当时该地区人类的生产生活水平，从分子遗传学的角度揭示古代昙石山先民的遗传结构和种族属性、群体间的迁徙和基因交流、群体内不同个体之间的相互关系等问题，以及进行该墓葬群中个体、性别和种族的鉴定工作。另一方面，还可以获取该群体的内部信息，构建家族谱系关系，判断当时的社会性质等，从而了解四五千年前的新石器时代晚期我国东南沿海地区人类文化生存的各方面背景，全面恢复人类历史面貌。

此外，通过对昙石山遗址出土人骨遗骸的古 DNA 检测结果和现代福建境内乃至整个南太平洋地区"南岛语族"居民的 DNA 检测对比分析，某种意义上或许应该能够找到他们之间不同程度的渊源关系。

古DNA研究的意义

考古研究离不开对人类生活的研究，而利用古代动、植物遗骸中的古 DNA 进行分析，可以了解当时人类的生产生活水平。研究这些动、植物的起源、传播、驯化及其在进化史上的位置，也可以为人群进化和迁移提供重要线索。此外，通过对同一考古遗址内人类群体的 DNA 分析，还可以获取该群体的内部信息，构建家族谱系关系，进而判断当时的社会性质等。

昙石山遗址的展示方式

对于遗址博物馆，遗址的本体保护应始终放在首位，而对遗址资源的利用，则要符合可持续发展要求，遗址展示应在遗址本体保护与展示效果之间寻求平衡点，采取科学有效的方式方法。

福建省昙石山遗址博物馆在遗址的展示设计上采取的是场馆展示、标识展示和局部复原展示相结合的方式，全面、系统、真实、完整地展示昙石山遗址的特殊价值。

首先，在昙石山遗址考古发掘现场上，采用直接加盖钢筋混凝土结构的全封闭保护展示建筑，地面上则用特殊玻璃围合封闭起来。这样，游客就可以在玻璃长廊内参观遗址现场，感受遗址特殊的文化氛围。

其次，对于那些已经过考古发掘或勘探的墓葬、壕沟、灰坑等重要遗迹的大概形状和结构基本清楚的地下遗迹等，通过原地用土填埋，在保证不对遗迹造成破坏的前提下，再于地面上种植浅根系的植被或铺设木栈道等，有意识地把这些重要的地下遗迹在地面上标识出来，对游客进行提示性展示。

最后，对昙石山遗址出土的5座陶窑遗迹则是通过采取局部复原的方式，将陶窑仅存的部分火塘、窑壁或窑底遗迹进行完整复原展示，使观众能够看到数千年前的昙石山人烧制陶器的真实场景以及当时陶窑的真实模样，从而把让观众难以理解的专业难题变得简单直观、通俗易懂。

昙石山遗址保护区木栈道

陶窑局部复原展示图

遗址展示方式

因为遗址不同于普通文物，它们一般体量较大，保存难度大，并且不同地域、不同类型的遗址保存现状也有很大差别，因此，对于不同类型及不同保存环境、保存状况的遗址所采取的展示方式也会不同，一般包括露天原状展示、场馆展示、标识展示、模拟展示、基址复原和原状复原展示等几种展示方法。

用爱坚守 昙石山遗址博物馆的宣传教育和对外交流

福建省昙石山遗址博物馆历来都十分重视对外宣传与社会教育工作。2001 年福建省昙石山遗址博物馆正式开馆后，为充分地发挥博物馆的社会教育职能，在开馆之初，就通过多种途径和形式开展对外宣传，接待了大批海内外游客和专家学者，赢得了社会各界的广泛好评。

基本陈列

“海峡文明之根——昙石山文化陈列”是福建省昙石山遗址博物馆新馆的基本陈列，整个展线长约 220 米，面积 1460 平方米，由序厅、第一展厅小序厅、第一展厅场景复原厅、休息厅、第二展厅组成。

2009 年，昙石山遗址博物馆的“海峡文明之根——昙石山文化陈列”荣获了福建省文化厅颁发的福建省十大博物馆精品陈列奖。

“海峡文明之根——昙石山文化陈列”基本陈列

序厅雕塑

展览以半个多世纪以来考古发掘出土的昙石山文化重要文物为基本陈列品，充分运用雕塑、仿真场景、多媒体、图片、文字资料和声光电等多种方式，全方位、多角度、生动地再现了5000年前昙石山人生产、生活的场景。同时，还揭示了昙石山人的社会意识、昙石山文化源流、与海峡对岸我国台湾地区新石器时代文化的紧密联系等。

此外，基本陈列也反映了昙石山文化在中国新石器时代文化中不可或缺的重要地位、在福建闽越文化中所留下的不可磨灭的历史烙印，对史前海峡两岸文化交流、闽台古文化渊源以及南岛语族的起源等课题研究具有重要意义。

第一展厅小序厅

第二展厅

考古遗址厅

福建省昙石山遗址博物馆考古遗址厅是在1996年昙石山遗址第8次考古发掘现场基础上所建，遗址厅展区面积1050平方米，主要由墓葬、陶窑、壕沟、祭祀区等遗迹组成。遗址厅建筑主体采用大跨度钢结构、无柱大空间样式，共展出墓葬19座、陶窑5座、壕沟2条、殉狗坑1个和祭祀坑1个。

考古遗址厅

遗址作为人类历史发展最直观的见证和最具“临场感”的环境实物，对展示人类文明和延续人类文化都具有非常特殊的价值和意义，而遗址博物馆作为现代人类与古代遗址之间的沟通媒介，其作用更不容忽视。因此，在社会经济飞速发展的今天，如何全面、真实地展示和保护遗址的历史文化信息，协调现代建筑和古代遗址间的平衡关系，突出遗址博物馆的自身特色，从而为遗址所在地区的社会经济发展服务，无疑是当前遗址博物馆建设过程中必须面对和解决的难题。

考古遗址厅

临时展览

福建省昙石山遗址博物馆开馆以来，尤其是近几年来先后举办了一系列的临时展览和交流展览。其中，影响较大的临时展览有：“闽越遗韵——闽越王城文物精品展”“碗礁海域出水瓷器特展”“江河源人类史前文明——青海彩陶展”“探寻福建海洋文化的足迹——纪念昙石山遗址发现60周年文物特展”“范金琢玉——耀州窑陶瓷器精品展”“沥粉贴金 宏伟绚烂——唐卡绘画艺术精品展”“黄金稻现——河姆渡文化特展”“中华文化奇迹——房山云居寺历史文化展”“穿越七十万年——周口店遗址博物馆特展”“土堡神韵——福建三明客家民俗文物展”“见盏——寻味千年造盏工艺”“闽瓷遗珍——南平茶洋窑出土瓷器展”“远古回声——半坡遗址与半坡文化展”“遥远的对话——大地湾遗址出土文物展”等。

临时展厅

“穿越七十万年——周口店遗址博物馆特展”临时展览

宣传教育

社教工作是博物馆与观众沟通的媒介和桥梁，对增强广大人民群众的综合素养，提升国家的文化软实力等都具有非常重要的现实意义。所以，社教宣传工作对博物馆来说至关重要，可以说是博物馆一切工作中的“前沿工作”，意义重大。

近年来，昙石山遗址博物馆相继与周边院校结成共建关系，把博物馆宣传带进校园，并在学生当中不断发展志愿者、积极参与博物馆宣教活动。尤其是在国际博物馆日、文化遗产日等重要纪念日举办相关专题宣讲活动，并与当地闽侯县委宣传部合作开办《昙石山讲坛》，举办“昙博杯”征文比赛，不定期邀请海内外专家开设讲座，深入宣传昙石山文化。

目前，昙石山遗址博物馆是福建省爱国主义教育基地和福州市青年文明号单位，为充分发挥博物馆的社会宣传教育功能，在公众教育方面，一方面在做好免费开放工作的同时，不断降低参观门槛，真正实现“文化遗产，人人共享”；另一方面，重视做好青少年第二课堂和爱国主义教育基地建设工作。比如，2012 年以来，昙石山遗址博物馆通过昙石山文化“进社区”“进学校”“进军营”等方式，相继探索出了多种适合自身特点的“请进来，走出去”积极灵活的对外社教模式，并使之常态化，社会反响强烈，深受群众欢迎。

模拟考古活动

体验陶艺活动

同时，针对国内遗址类博物馆普遍存在的“过于专业化”“观赏性不足”等难题，在总结学习国内外其他同类博物馆成功案例的基础上，结合本馆实际，又相继增设了“模拟考古”“乐陶园”等观众互动项目。

与此同时，还通过与周边学校、社区等开展常态化的互动交流，使博物馆逐渐变成广大青少年学生接受教育的第二课堂和重要实习基地，充分发挥博物馆的社会职能，使之成为昙石山遗址博物馆一道亮丽的风景线。

“陶釜情”文艺演出活动

研究成果

博物馆是收藏、保护、展示和研究代表自然和人类文化遗产实物的重要场所，也是为公众提供知识、教育和欣赏的文化教育机构。其中，学术研究是博物馆事业生存和发展的基础，也是最关键的一个环节，它是博物馆一切业务活动的基石，更是打造精品展览的关键。博物馆里的各种文物藏品需要经过一系列的学术研究，才能将其自身蕴含的丰富历史文化信息和科学、艺术价值转化到具体的陈列展览中去，从而让观众汲取知识、享受文物藏品带来的美感乐趣。所以，任何一个成功的展览，都必须依托高质量的学术研究，只有相关学术研究成果丰硕，才能厚积薄发，最终提升展览品质。

福建省昙石山遗址博物馆历来十分重视学术研究工作，以科研课题培养和锻炼人才，始终把“科研兴馆”作为一项基本要务，常抓不懈。先后承担了福建省文物局“闽江下游流域史前遗址考古调查与研究”“福建沿海史前遗址考古调查与研究”等研究课题。

建馆 20 年来，有百余篇相关论文发表在国家和地方各级学术刊物上，先后出版了《昙石山遗址图说》《昙石山遗址——福建省昙石山遗址 1954 ～ 2004 年发掘报告》《闽江下游流域史前遗址考古调查与研究》等学术著作。

拓展对外交流

博物馆国际交流与合作是我国对外文化交流活动的重要手段之一，是展示国家形象、提高文化软实力的有效手段，而交流合作也是博物馆事业不断创新和发展的前提。福建省昙石山遗址博物馆从建馆之初就积极开展与国内同类博物馆之间的交流合作，强化行业内部联系，加入了中国博物馆协会。早在 1998 年，福建省昙石山遗址博物馆就作为首批会员单位之一加入了中国博物馆协会史前遗址博物馆专业委员会，后来又相继加入了考古与遗址博物馆专业委员会、数字化专业委员会、博物馆安全专业委员会等，每年都组织相关业务人员积极参加各专委会举办的年会及学术研讨会。

为加强对外交流展览，克服自身馆藏文物数量不足等局限，近几年，福建省昙石山遗址博物馆采取“手牵手，小步快走”的模式，先后与福建三明、南平等地市博物馆联合举办展览并对外进行展览交流。采取由地市博物馆提供文物藏品，福建省昙石山遗址博物馆负责展览策划并设计布展，出版展览图录的方式，首先在本馆展出，然后进行对外交流。比如，2015 年，福建省昙石山遗址博物馆就联合南平市博物馆推出了“闽瓷遗珍——南平茶洋窑出土瓷器展”，该展在昙石山遗址博物馆展出后，作为展览交流项目又在陕西耀州窑博物馆顺利展出，并成功入选 2015 年国家文物局“全国博物馆展览季活动推介目录”。2016 年，联合三明市博物馆举办了“土堡神韵——福建三明客家民俗文物展”，后推荐至沈阳新乐遗址博物馆展出。2017 年，又联合南平市博物馆推出了“见盏——寻味千年造盏工艺”，

闽瓷遗珍——南平茶洋窑出土瓷器展

该展先后在福建省非遗博览苑、福州温泉博物馆、沈阳新乐遗址博物馆、西安半坡博物馆和黔东南州民族博物馆进行了巡回展出。

此外，近年来，福建省昙石山遗址博物馆结合自身特点，从实际出发，充分发挥昙石山文化的地缘优势，不断加强对外文化交流，积极组织、参与承办相关文化交流活动，先后与日本、美国、澳大利亚、菲律宾等国家开展了史前文化研究和遗址保护等多种合作项目。尤其是作为“南岛语族”研究的重要节点和内容，昙石山遗址在备受国际考古学界所关注的有关南岛语族起源等问题的研究上发挥着越来越重要的作用。2010 年 11 月，作为“南岛语族寻根之路”的活动主会场，昙石山遗址博物馆还举办了“南岛语族‘寻根之路’掠影图片特展”，获得来访外宾和各界人士的一致好评。

继往开来 昙石山遗址博物馆的功能定位和发展规划

遗址作为一种特殊的文物载体，是中华文明源远流长和生生不息的历史见证，也是不可再生的重要资源，遗址博物馆的功能定位和发展规划对于遗址文化的传承和发展意义重大。福建省昙石山遗址博物馆从实际出发，立足本地，放眼长远，紧紧围绕文物保护和博物馆建设两条主线，综合分析，科学定位，为博物馆的未来制定了一系列切实可行的发展规划。

昙石山遗址的重要价值

历史价值

昙石山遗址具有丰富的文化内涵和鲜明的地域海洋性文化特色，也是我国东南沿海地区最早被命名、最具有代表性的新石器时代晚期文化。此外，昙石山遗址的文化特征与我国台湾同时期文化内涵相似，年代相近，这对探索新石器时代晚期海峡两岸社会经济、文化面貌等方面都具有十分重要的历史价值。

艺术价值

昙石山遗址出土的大量精美陶器及漂亮的纹饰图案等，无不体现出福建先民的审美意识，具有很高的艺术价值。

社会价值

昙石山遗址毗邻省会福州市，有着明显的地理区位优势。遗址可以充分利用自身得天独厚的文化和文物资源，集社会效益、经济效益与环境效益于一身，从而带动当地旅游产业的发展。通过对昙石山遗址的合理保护及展示，必将成为当地宣传优秀传统历史文化、进行爱国主义教育和开展学术文化交流的重要基地，具有较高的社会价值。

科学价值

昙石山遗址是我国东南沿海地区为数不多的原始文化遗存之一，是先秦“闽族”文明的发源地、福建海洋文化的摇篮，具有很高的学术和科学研究价值。

昙石山遗址的功能定位

从地理位置上看，昙石山遗址博物馆距离福州市区仅20千米，拥有十分明显的区位优势。与此同时，由于昙石山文化独具海洋性文化特征，它所蕴含的丰富历史文化，对福建古文明起源、闽台文化同根同源、东南沿海地区乃至整个中华历史文明的研究都具有十分重要的意义。

长期以来，昙石山遗址博物馆充分发挥其基地辐射作用，坚决贯彻落实福建省委、省政府建设全面繁荣的福建经济区战略构想，努力把昙石山遗址博物馆建设成为反映海洋特色的昙石山文化遗址展示园区，融博物馆、考古遗址现场和遗址公园为一体，以反映福建先民的历史文化为主线、突出昙石山文化的海洋性文化特征的专题性博物馆，并以崭新的形象，集文物博览、科考探秘、休闲观光于一体，充分发挥昙石山遗址的历史、科学、旅游三大价值作用，成为福建区域文化旅游的一大品牌和福建省对外开放的重要窗口。

昙石山遗址的发展规划

“十三五”期间，昙石山遗址博物馆以国家文物局、福建省文化厅及福建省文物局有关文物保护和博物馆建设的指导思想为方向，制定了总体工作思路：以文物保护和博物馆建设为两条主线。

一方面，继续做好昙石山遗址的本体保护工作，并通过技术队伍的组建和专业文物保护机构的建设，形成一套完善、长效的日常监测和维护机制。同时，继续积极维护和完善昙石山遗址展示园区的基础设施建设，不断丰富园区的历史文化内涵，进一步拓宽遗址的展示和保护范围，积极争取申报省级考古遗址公园。

另一方面，努力改善和提升昙石山遗址博物馆现有的展陈水平，积极引进相关临时展览，多办展、办好展，并逐步完善博物馆各项基础服务设施和安全设施建设，在提高文物安全环境条件的同时，给公众提供更为舒适、内容更为丰富多彩的参观氛围。

后记

近年来，随着我国经济的持续快速发展，在各项文化事业大发展、大繁荣的背景下，我国的考古工作也迎来了最佳发展机遇，取得了前所未有的巨大成就。然而，因历史原因，长期以来，考古学家们只注重专业研究，却忽视了公众教育和对外宣传，以至于社会公众对考古工作缺乏了解，出现认识偏差，甚至很多人还将考古工作与挖宝、寻宝划等号，认为最后的差异无非就是考古“把宝物上交给了国家”。可见，关于考古的公众教育问题已经越发重要和紧迫。

两年前，在中国博物馆协会史前遗址博物馆专业委员会主任委员单位——西安半坡博物馆的倡议下，《中国史前遗址博物馆》系列丛书的编写工作开始正式启动，其定位是面向普通观众的科普性图书。作为史前遗址博物馆专委会的最早会员单位之一，我馆从一开始就对此项工作非常赞同并积极响应，平稳有序地组织单位相关部门和人员进行图书编写工作。由于目前国内尚无此类书籍出版，没有可参考的案例，因此大家只能摸石头过河，所以这其实是一件非常艰巨和繁杂的任务。根据丛书的总体编写计划和安排，本册图书真正的文字编写工作其实只有一年多时间，期间又几经修改，方得以成书。

本册图书的撰稿工作由王有为具体负责完成，相关资料和图片等由本馆各部门专业人员根据编撰需要予以提供。由于时间紧、任务重，需要将数十年来有关昙石山遗址的考古发掘资料以及大量与昙石山文化相关的研究成果、宣传资料、各种专题视频和照片等进行全方位的搜集、归纳和总结，并尽可能将其转换成通俗易懂的语言来传递给普通观众，文中难免有疏漏或错误之处，有些专业知识的表述可能不太恰当或者还不够通俗化，敬请读者朋友们批评指正。

谨以本书献给福建省昙石山遗址博物馆成立 20 周年，相信我们史前遗址博物馆的发展一定会更好！

编者